U0470700

股权激励一本书读懂

慈书学 朱正华 周 常 ◎著

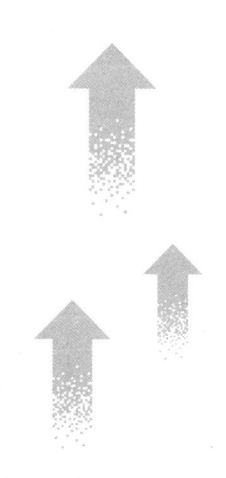

中华工商联合出版社

图书在版编目（CIP）数据

一本书读懂股权激励 / 慈书学，朱正华，周常著
. -- 北京：中华工商联合出版社，2023.4
ISBN 978-7-5158-3618-8

Ⅰ．①一… Ⅱ．①慈… ②朱… ③周… Ⅲ．①股权激励—研究 Ⅳ．① F272.923

中国国家版本馆 CIP 数据核字（2023）第 060396 号

一本书读懂股权激励

作　　者：	慈书学　朱正华　周　常
出 品 人：	刘　刚
图书策划：	蓝色畅想
责任编辑：	吴建新　关山美
装帧设计：	胡椒书衣
责任审读：	郭敬梅
责任印制：	迈致红
出版发行：	中华工商联合出版社有限责任公司
印　　刷：	凯德印刷（天津）有限公司
版　　次：	2023年5月第1版
印　　次：	2023年5月第1次印刷
开　　本：	710mm×1000mm　1/16
字　　数：	200千字
印　　张：	13.75
书　　号：	ISBN 978-7-5158-3618-8
定　　价：	56.00元

服务热线： 010-58301130-0（前台）
销售热线： 010-58302977（网店部）
　　　　　　010-58302166（门店部）
　　　　　　010-58302837（馆配部、新媒体部）
　　　　　　010-58302813（团购部）
地址邮编： 北京市西城区西环广场A座
　　　　　　19-20层，100044
http://www.chgscbs.cn
投稿热线： 010-58302907（总编室）
投稿邮箱： 1621239583@qq.com

工商联版图书
版权所有　盗版必究

凡本社图书出现印装质量问题，
请与印务部联系。

联系电话：010-58302915

前　言

随着经济发展和科技进步，人才成为企业重要的资源之一。如何吸引人才、留住人才愈发成为令每位公司创始人、经营者头痛的难题。

如何让员工从打工者转变为企业主人翁？如何让企业留住高级管理人员和核心骨干人才？如何让员工拥有获得感、归属感、幸福感和成就感，真正由"要我干"变为"我要干"？如何让公司关键人才具有创业创新精神，为公司事业拼搏奋斗且具有责任担当意识？这些都是企业创始人和经营者需要解决的问题。

实际上，提高员工的工作积极性和主观能动性，让高价值的核心骨干人才自愿留下来长期为公司效力，与公司共同发展是企业实施人才战略、激励管理的一个难题。而创始人、经营者放权给公司高级管理人员、职业经理人，往往会造成对公司管理的失控。

那么，如何解决这些难题呢？我们可以从股权激励中找到答案。

股权激励，是企业为了激励和留住核心人才采取的一种激励机制，即通过一定的模式和条件赋予员工部分企业股东权益，使员工具有主人翁意识，提高员工的主观能动性和积极性，让员工与企业形成利益共同体，帮助企业实现长期稳定发展。

员工只有得到合理的物质和精神激励，才能保持高昂的工作积极性，才能积极主动地参与企业决策，与企业一起承担风险，关心企业的使命、愿景及可持续发展。员工在获得物质收益之外，还能拥有部分企业所有权、重大事项表决权等实权，才能将自身利益与企业利益捆绑在一起。对于创始人来说，拿出公司的一部分股权进行激励，这部分股权既可以是实股，也可以是虚股（即股权对应的收益权、分红权等），从而实现放权而不失权，达到高效管理企业的目的。

无论对于员工还是创始人、经营者，股权激励都是有积极意义的，极大地促进了员工与公司的共赢。正因为如此，绝大多数知名企业都有相对成熟的股权激励计划，对其公司内部的核心管理人员、技术骨干等关系到企业未来长远发展的优秀人才实施了股权激励。国外有微软、沃尔玛、戴尔、苹果等企业，国内则有联想、阿里巴巴、华为、美的等企业，股权激励正是这些企业持续发展壮大甚至基业长青的重要因素。

实际操作中，由于对国家相关股权激励政策与法规的认识不够全面，容易忽视某些关键细节，不少企业在实践股权激励的过程中出现了各种各样的问题：或造成了股权激励方案未获通过，或带来了较大的财务成本，或相关的激励效果不明显甚至沦为鸡肋，等等。所以，企业创始人、高级管理人员以及员工都应该加强对股权激励政策与制度的充分学习和了解，这样才能更好地利用这种长效激励工具。

本书详细地介绍了股权激励的概念、股权激励的五大因素、股权激励的八种模式、与股权激励有关的公司估值和绩效考核制度，以及在股权激励计划制定、实施过程中可能遭遇的风险等内容。此外，通过大量案例分析了不同类型企业如何开展股权激励、股权激励的优势在哪里、可能存在什么问题等。本书将案例与理论相结合，内容实用性强，同时提供实操性极强的解决方案，可以作为企业创始人以及相关人员了解股权激励的工具书，随手翻阅都会有所收获。

无论什么类型的企业，在实施股权激励时，最重要的是明确股权激励目的、设计科学合理的激励方案、掌握股权激励的核心技巧、遵守股权激励原则。做到这四点，便可以充分激发企业核心人才的无限潜能，真正实现企业与员工共同成长，进而顺利达成企业发展目标，最终实现基业长青。

目　录

第一章　股动人心：股权激励六大要点

为什么 90% 的公司选择股权激励？ /3

一个完整的股权激励方案包含什么内容？ /7

以股权激励为目的的顶层架构 /12

目的不明确，效果达不到 /15

正确挑选股权激励的对象 /18

做好股权激励，原则不可破 /22

第二章　三思后行：股权激励前期准备

什么时候激励最恰当？ /29

激励股份，做"加法"OR"减法" /33

股权激励需要逐步推进，不能一蹴而就 /37

影响股权激励成败的关键因素 /41

在激励与约束之间寻求平衡 /46

没有退出机制，激励失去约束力 /51

第三章　股权设计：股权激励模式漫谈

　　群体不同，激励模式就不同 /57

　　企业发展阶段不同，激励模式自然不同 /62

　　限制性股票，你真的搞懂了吗？ /67

　　延期支付计划——减少经营者的短期行为 /71

　　股权激励模式可单一，也可组合 /74

　　让利不让权——股权激励的原则 /78

第四章　估值为王：股权激励的重中之重

　　影响公司股权定价的核心——估值 /85

　　企业市值与企业价值 /89

　　激励的价格与数量要明明白白 /91

　　可比公司法——非上市公司估值方法 /97

　　股票估值，低估好还是高估好 /100

第五章 全员持股：员工股权激励详谈

全员持股合伙，不等于全员股份均等 /105

全员持股，员工要不要掏钱买？/107

员工持股计划，让员工与企业共进退 /110

持股平台，有好处也有代价 /114

哪些员工不需要运用股权激励？/117

不可忘记给未来人才预留股份 /122

第六章 分股合心：管理者的股权激励

针对核心高级管理者的激励机制——超额利润分享 /129

在职有分红，不在职就没有分红 /132

针对核心高级管理者的激励机制——管理层收购 /136

针对核心高级管理者的激励机制——"135 渐进式"激励法 /139

合伙人制度——有效激励而不失控制权 /143

引入合伙人，股权分配很重要 /148

对于企业上下游资源，也可以进行有效激励 /151

第七章　激励约束：有考核才是真激励

绩效考核都考核什么？ /157

绩效考核如何才能不流于形式？ /160

尽职调查也是不可少的 /165

完善人力资源管理制度 /167

是改善业绩，不是分清责任 /173

考核制度要为员工划出起跑线和终点线 /177

第八章　避坑指南：谁的蜜糖谁的砒霜

激励不当，风险多多 /183

代持股权，股东要慎用 /187

"搭便车"——股权激励的"大坑" /191

防止股权激励变股权纠纷 /194

风险不规避，便成了事故 /197

股权激励应规避哪些误区？ /203

第一章

股动人心：股权激励六大要点

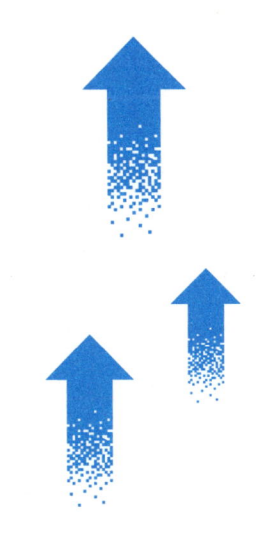

为什么90%的公司选择股权激励？

对于很多企业家、中高层管理人员以及员工来说，股权激励这个名词已经不再陌生，越来越多的企业都选择股权激励来进行员工的中长期激励。

事实上，股权激励模式是从西方开始流行的，尤其是美国，20世纪以来，美国排名前1000的企业中，绝大多数都对核心管理人员、技术骨干等核心员工实行了股权激励，比如，微软、沃尔玛、IBM、戴尔等企业。随后，股权激励被引入国内，华为、联想、阿里巴巴、小米等企业也在股权激励下快速成长起来，并且把这种制度运用到极致。

越来越多的事例表明，股权激励已成为企业提升绩效，实施人才战略的利器。那么，为什么股权激励具有如此大的吸引力呢？

在讨论这个问题前，我们需要了解什么是股权激励。简单来说，股权激励机制，是企业为了激励和留住核心人才，提高员工经营管理积极性、主动性、创造性的一种长期激励机制。最常用的激励方式是将公司股权或股权的收益权以某种方式授予企业的中高层管理人员、业务骨干、技术骨干，使他们参与决策、分享收益、承担风险，进而形成一种权利与义务相互匹配的管理制度。

一般情况下，这种激励都会附带条件。比如，员工在企业工作满多少年，或完成特定的目标，才有资格成为被激励的对象。而当他们满足激励条件时，就可以获得相应股份，从而成为享有所有权、收益权、管理权或控制权的股东。

虽然创始人、原始股东需要拿出一部分股份与利益，但是这种机制却能够产生非常积极的效用。创业型企业往往面临着资金短缺、吸引不到人才、留不住人才的困境。但是，股权激励却可以让激励对象从打工者变为企业主人翁，将自身利益和企业利益紧密结合，积极参与企业决策、承担风险，并且促使企业快速成长，吸引与留住绩效高、能力强的核心人才。

作为短视频领域佼佼者的快手公司，是程一笑于2011年创办的。随着智能手机的普及、移动流量成本的下降，快手很快迎来了较大的市场空间。但是，作为创业型公司，资金短缺、人才缺乏也是快手面临的一大问题。为了完成企业整体转型、保证企业持续稳定发展，程一笑选择股权激励——创建了一个巨大的股权池，拿出50%股份来奖励宿华和他的团队，使宿华成为快手的战略合伙人。

虽然程一笑的股份被稀释了，不再是公司最大股东，但是这一举动却挽救了快手，同时造就了快手的辉煌。企业的发展主要凭借的是人才和资金，优秀人才留在了，那么市场和资金就不再是问题了。同样的，在资金短缺的情况下，程一笑用股权吸引急需的人才，并且将人才的自身利益与公司利益捆绑在一起，共同分担风险，共享利益，自然也就保证了企业的持续发展。

简单来说，股权激励能吸引和留住人才、极大地提升团队的凝聚力和积极性，这就是大多数企业愿意实施股权激励的一大原因。除此之外，股权激励还有三点重要意义，如图1-1所示。

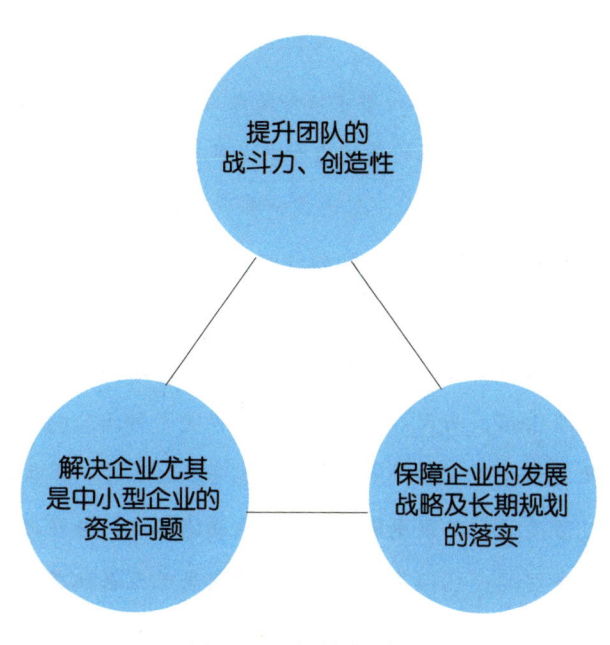

图 1-1 股权激励的意义

第一，提升团队的战斗力、创造性。

我们都知道，高端人才不仅仅希望得到高报酬，更希望为自己的事业而拼搏，为实现自己的理想而努力。作为一名普通员工，这些是很难实现的。但是成为股东、合伙人之后，情况就发生了变化。他们能够与创始人、大股东站在一起，有了归属感和认同感，进而也自发地有了创业的激情，更愿意长期地、努力地为企业的发展去拼搏与奋斗。换句话说，企业的目标、愿景不再只局限于创始人、大股东，同时也是激励对象的目标、愿景，这不仅可以促使他们自发地为了这个目标去奋斗，还会相互监督、相互促使，减少企业内耗。

一个典型的案例就是蔡崇信舍弃高薪职位加入阿里巴巴。当时，作为外资投行高级管理人员的蔡崇信，年薪高达70万美元，而阿里巴巴能给出的月薪只有500元人民币。但是蔡崇信却义无反顾地加入了马云的团队，除了对马云非常欣赏外，真正的原因在于马云能把一群人聚集在一起，促使这些有能力、有强烈渴望的人一起干成一番事业。

当时，马云把公司的很大一部分股权都给了创业团队，自己并没有占有更多的股份，蔡崇信坚信自己没有跟错人，是可以一起实现梦想的人。随后，蔡崇信开始为公司不懈奋斗，并且亲自操盘三次极为重要的引资活动。2000年，蔡崇信、马云前往日本软银，接受了孙正义的2000万美元投资，促使阿里度过了互联网"寒冬"；2004年和2005年，蔡崇信帮助阿里再次融资8200万美元，与雅虎中国合并，成立淘宝网，并在之后成为中国第一大电子商务网站；2014年，蔡崇信引领阿里巴巴在纽交所上市，并创造了史上最大的IPO。

由此可知，股权激励能够帮助企业吸引顶尖人才，还能留住优秀的元老级人才——虽然企业没有办法支付高额薪酬，但是却能够利用股权激励让员工把希望寄托于未来，让他们可以与管理者同甘共苦、共创未来。

第二，解决企业尤其是中小型企业的资金问题。

因为股权激励虽然是一种激励方式，但是激励对象在取得股权的同时，也需要拿出一部分资金来购买股份。员工持股计划就是企业内部员工出资认购企业部分或全部股权，拥有企业的部分或全部产权，并获得相应的管理权、参与表决权和分红权。这样的激励方式一方面可以解决企业资金问题，另一方面可以有效提升员工积极性、团队凝聚力与战斗力。

第三，保障企业的发展战略及长期规划的落实。

因为企业战略以及具体政策的实施都需要人才去执行，这也就要求企业必须保持核心人员的稳定性。我们在前文中提到，股权激励可以帮助企业吸引和留住人才。人才留住了，才能确保企业的长期战略及发展规划的延续性，并且能够得到有效落实。

如今，股权激励已经成为企业留住人才、提升业绩的利器。如果我们不懂股权激励，那么企业将面临优秀人才不断流失、找不到优秀合伙人以及团队凝聚力、战斗力不高的困境，最终导致企业发展困难重重。

一个完整的股权激励方案包含什么内容？

股权激励是一种激励方式，企业需要明确激励的目的，要对企业的实际情况进行全面分析，考虑企业规模的大小、部门人员结构、业务发展状况以及激励对象的相关情况，综合这些信息来设计股权激励方案，只有这样才可以真正做好股权激励并且推动公司长远健康发展。

那么，一个完整的股权激励方案应包含什么内容呢？简单来说，它应该包括激励的目的，激励的类型、标准与规则，激励对象如何考核，激励方案如何实施以及股权是否行权、什么时候行权、如何行权，等等。

具体来说，股权激励应该包括七项要素，如图1-2所示。

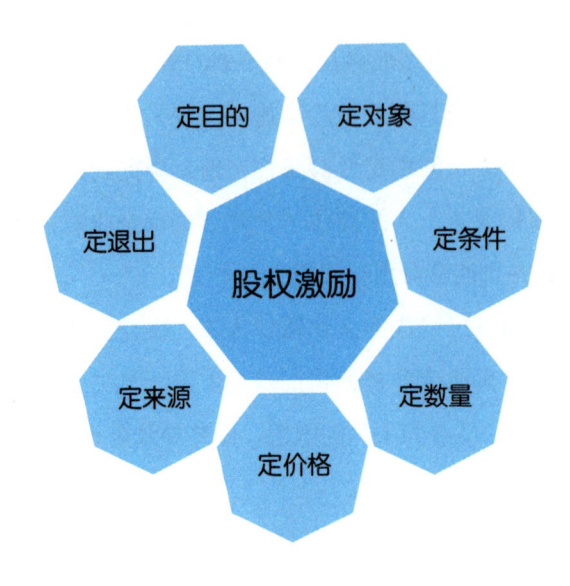

图1-2 股权激励的七大要素

第一，定目的：为什么进行股权激励。

我们在前文讲过，股权激励的目的与意义是激发核心员工的积极性、创造性，促使他们与企业的长远利益实现统一，并提升企业业绩，约束员工尤其是核心管理人员、专业人员的短期行为。

目的确定后，计划制定、激励对象的选择等问题才能有的放矢，避免盲目模仿成功企业的经验，导致激励效果不理想，甚至适得其反。

第二，定对象：选择哪些人为激励对象。

股权具有稀缺性，所以我们不应该推行普惠型的激励计划，也不应把股权激励看作是员工福利。股权激励一旦失去了其稀缺性，也就丧失了对核心人才的吸引力。因此，我们需要考虑哪些人应该成为激励对象，以及为什么要激励他们。

通常来说，激励对象应该包括企业的董事、高级管理者、核心技术人员或者核心业务人员，以及对企业业绩和未来发展有直接影响的员工。如果是非上市企业，激励对象还应包括对公司有突出贡献的员工、业绩贡献大的员工、未来的优秀人才等。

激励对象必须是企业最有价值的核心人才，能给企业带来巨大贡献，如提升企业的业绩和竞争优势等。在考察这些人时，我们必须考察其岗位价值、素质能力、服务年限、绩效水平以及历史贡献或未来可能为企业带来的贡献。

第三，定条件：确定授予条件和行权条件。

确定股权激励的对象之后，我们需要确认企业是否符合实施股权激励计划的要求、激励对象是否符合相关的授予要求。

对于上市企业来说，如果未发生以下任何一种情形，即符合实施股权激励计划的要求：最近一个会计年度的财务会计报告被注册会计师出具否定意见或无法表示意见的审计报告；最近一年内因为重大违法违规行驶被证监会行政处罚；证监会认定的不能实施股权激励计划的其他情形。

对于企业的激励对象来说，如果未发生以下任何一种情形，即符合股权激励计划的法定授予条件：最近三年内被交易所公开谴责或宣布为不适当人选；最近三年内因重大违法违规行为被证监会行政处罚；《公司法》规定的不得担任公司董事、监事、高级管理人员的情形。

同时，激励对象想要拿到股权，必须达到绩效考核要求，一方面是对企业经营的业绩考核，一方面是对激励对象的绩效考核。对于上市企业来说，企业要根据本公司的实际情况来制定相关绩效指标，达到指标后才能授予股权。对于激励对象来说，要在上一年度的绩效考核中被评为合格或良好，才能获得激励资格。当然，企业必须制定科学、合理的绩效考核指标和目标值，从工作能力、工作态度、业绩等方面综合考核员工。

第四，定数量：确定股权激励的总量与个量。

在股权激励方案中，我们必须确定激励的数量，即企业给予激励对象整体多少股份，给予每个激励对象多少股份。

对于上市企业来说，相关法律法规规定了其股权激励总量，即激励股份总额度不得超过公司总股本的10%。而针对非上市企业，法律没有强制性规定，但是企业需要考虑自身的利润规模、激励对象的购买能力、企业整体的薪酬水平以及所设定的业绩目标等因素。

至于每个激励对象应获得多少股份，我们需要考虑公平因素，合理分配高级管理人员、中层管理人员、核心技术人员的股权比例，同时考虑其贡献值大小、重要性高低等因素。

2014年，海尔推行第四期股权激励计划，授予激励对象5456万股股权，约占当时企业总股本的2.01%，符合相关法律法规的规定。

第五，定价格：激励对象需要用多少钱来购买。

制定合理的股价，是激励计划中最为关键的部分。

上市企业授予激励对象股票期权时应确定行权价格的确定办法，其价格不得低于股票票面价格。如果按照其他方式来确定价格，需要在激励计划中对定价依据以及定价方式进行说明与解释。而非上市企业的行权价格可以通过专业机构的评估来确定每股的内在价值，作为行权价和出售价的基础。

某公司的注册资金与净资产相等或相差无几，那么每股股权激励的行权价格可以直接定为1元。这是以注册资金为标准的定价方式，取决于创始人是否愿意拿出股份。

2012年6月，周黑鸭实施的股权激励，是按照净资产价格给员工持股平台转让股权，因为周黑鸭并不是传统的重资产公司，而是更接近于轻资产公司，所以包括了品牌溢价在内的无形资产价值。

第六，定来源：股票哪里来。

股票的来源直接关系到股东的权利、企业的控制权等问题，以及企业是否能保证充足的现金流。所以，在股权激励方案中，我们必须明确股票来源，是来源于股东转让或赠予、回购企业股份，还是留存的期权池。

如果来源于原有股东转让，那么就会导致原有股东股权的稀释，导致其收益减少。一旦创始人或大股东的股权稀释严重，无法保持绝对优势，那么就可能增加失去控制权的风险。如果来源于回购企业股份，那么需要企业拿出大量资金从二级市场回购股份，而如果企业本身现金储备不足，那么就可能导致现金流危机，进而爆发财务危机。

所以，我们必须合理规划股票来源，避免影响企业正常运行。

第七，定退出：给股权激励加一道"紧箍咒"。

退出机制必须提前设置，明确什么时候可以退出，以什么方式退，回购的价格是多少，这样一来才能约束企业与激励对象，降低风险。

除此之外，股权激励方案还应该包括企业股权激励计划的绩效考核办法、激励计划的管理制度、授予协议书、激励对象承诺书、股权激励相关时间安排等。

以股权激励为目的的顶层架构

设计股权激励方案时，我们需要把股权激励与企业的顶层架构结合起来，通过合理的架构设计达到事半功倍的效果。一般来说，顶层架构就是指企业的股权架构，即公司组织的顶层设计，其目的除了股权激励的实施之外，还包括税收筹划、集中控制权、资本运作等几个方面的控制与管理。

对于任何企业来说，合理的股权架构都是非常重要的。它的核心是为了解决谁投资、谁来做、谁收益以及谁担责的问题。合理的股权架构不仅仅涉及股权比例分配的问题，还涉及创始人、合伙人、投资人、经理人及其他利益相关方的价值、收益、风险等问题。具体来说，合理的股权结构能够明晰股东之间的权利、责任与利益，充分调动股东的积极性；配以恰当的退出机制，可以避免股权纠纷，有利于企业的稳定。同时，在未来融资、进行股权激励时，即便股东股权被稀释，也能保证创始人、创业团队对公司的控制权。

相反，如果股权架构不合理，比如均等分配股权、股权分配没有明显的阶梯层次，就可能导致股东们因为股权争议而矛盾重重，每个人都想拥有控制权、话语权，导致控制权和决策权等分散；一旦引入投资人、对新的核心高级管理人员进行股权激励，创始人股权将被不断稀释，最后很可能面临被踢出局的结果。

"西少爷"肉夹馍是奇点同舟餐饮管理(北京)有限公司旗下的快餐连锁品牌，曾经是一家前途非常好的创业"明星"企业，然而创业团队却因为股权架构设计不合理而分崩离析。

2013年6月19日，创始人孟兵、宋鑫、罗高景成立奇点同舟餐饮管理(北京)有限公司，三人所持股份比例分别为40%、30%、30%。其中，孟兵主管互联网业务，孟兵同时和罗高景负责项目开发，宋鑫负责销售。

同年10月，公司开始做肉夹馍。2014年4月，"西少爷"肉夹馍店便大张旗鼓地开业了。因为之前已经进行了广泛宣传，提升了话题热度，很快吸引了大量年轻消费者，生意越来越好。开业不到一周，投资人就找上门来，给出了4000万元的估值。三人非常高兴，决定引入投资来扩大业务，然而在协商股权架构的过程中，孟、宋两人发生了矛盾。

孟兵设想未来在海外拓展业务，于是希望组建VIE结构，即在境外按其在境内公司相同或相近的股权比例成立一家境外控股公司，签订控制协议（即VIE协议）来实际控制内资公司，同时要求自己的投票权是其他创始人的三倍。但是，宋鑫却不同意该提议。

2014年6月15日，矛盾终于爆发，经大股东投票，宋鑫被迫离开。针对宋鑫的股份，孟、罗两人提出用27万元加2%的股份买回他手中30%的股份。但是，宋鑫要求以1000万元回购，因为当时公司的估值为4000万元，自己可以分得1/4。

双方没有达成一致意见，创业团队最终分崩离析，宋鑫另起炉灶，开了名为"新西少"的肉夹馍店。此后，"西少爷"的股权结构变更为孟兵持股43.61%，罗高景持股28.2%，奇点同舟餐饮管理（北京）有限公司持股28.2%。

其实，合理的股权架构应该是有明显的梯次。对于三个人的创业团队来说，明显的股权架构梯次应按照6:3:1或是7:2:1来分配。同时，在创业阶段，股东或合伙人需要按照出资的多少来分配股权，而之后的股权激励则可以按照资源（技术、管理）的重要性、多少来进行分配。但是不管怎样，都需要确定谁是大股东，谁掌握控制权，并且要保持创始人始终有绝对的优势，持有大比例的股份。这样一来，在进行股改、股权激励过程中，即使其掌握的股份越来越少，也不会失去控制权。

当然，随着外部投资（如天使投资、风险投资等）的不断增加，以及股权激励计划的不断实施，创始人的股权稀释是不可避免的。因此，我们需要设置合理的公司治理架构，在公司章程中明确其对重大事项的一票否决权，以及绝对优势的表决权。

事实上，很多公司都因为股权架构设计不合理，引起了股权、控制权的纠纷，比如雷士照明、当当网、俏江南等企业；许多公司也因为股权架构设计合理，实现了公司与股东之间的共赢，比如阿里巴巴、华为、小米等企业。当然，除了合理的股权架构设计，这些企业也实施了有效、长期的股权激励计划。

可以说，顶层架构设计对于企业股权激励是否能够顺利实施，以及实现怎样的激励效果是非常重要的。而针对股权激励中的顶层架构设计，我们还需要重点考虑两个问题，即股份从何而来，员工的股份如何持有。

一般来说，员工的股权来源主要有三个方面，分别是股东转让、增资扩股、预留股份。在企业初创时期，创始人可以采取股东转让的方式，如拿出一定比例的股权用于股权激励，但是在企业成熟阶段运用这种方式会损害原股东的利益。所以，很多企业在成熟阶段会选择增资扩股的方式，即员工向公司增资，一部分资金进入注册资本，一部分资金进入资本公积，员工从而持有一定比例的公司股份，这种方式仍会导致原股东的股份稀释。当企业发展到后期，进入成熟阶段时，股东的成分比较复杂，大部分企业会采取预留股份的方式。这部分股份是需要提前预留的，在企业规模还比较小时就提前搭建持股平台，留出一部分股份用于股权激励。

这部分内容我们将在之后的章节中详细讲解，这里不再赘述。

目的不明确，效果达不到

股权激励是否能够成功、效果好不好，受到诸多要素的影响。如果想要使股权激励达到理想效果，我们就需要充分考虑企业的自身状况，明确需求与目标，然后再确定其模式、对象、数量等要素。

我们做任何事情都需要有明确目的，然后围绕目的来思考、行动，否则便会迷失方向，甚至南辕北辙。股权激励也同样如此，目的不明确，很可能遭遇类似的尴尬——激励条款很多，员工却不认可，甚至起到了负面作用。

在企业不同的发展阶段，股权激励的目的也会有所不同。但其目的通常有五个，分别是提高业绩、提升团队凝聚力、降低成本压力、回报老员工、吸引并留住人才。可以看出，所谓股权激励，就是一种以人为核心要素的激励机制，通过对人的激励，突破企业的管理和发展过程中的种种瓶颈和限制，促使企业的持续高效发展，进而实现企业利润、价值的最大化。所以，股权激励的目的一定与"人"有关。

以联想为例：

联想原本是国有企业，产权与实际经营者脱钩，效率低下，业绩不好，员工积极性、主动性自然也越来越低。1993年，联想遇到发展的瓶颈，没有完成既定的目标，出现生产过剩、产品库存积压严重的情况。为此，柳传志提出了让骨干员工获得企业股份的设想，但是因为联想属于国有企业，受当时政策影响，这种设想一时难以实现。后来，柳传志退而求其次，将股权改为分红权，即产权仍属于国家，大方向由国资决定，日常经营权归经营管理团队，且管理团队拥有35%年利润的分红权。

这是联想为股权激励迈出的第一步，但是因为涉及其他问题，员工的分红并没有拿到，暂时存在企业里。1998年，联想准备上市，便开始积极加快股份改制的步伐。2001年，联想进行了股份制改造，管理团队的35%干股分红可以转化为股权。

事实上，这35%的股权分配充分体现了股权激励的目的，它被分为三部分，第一部分分给联想的元老级员工，因为这些人对企业作出了巨大贡献，并且创造了历史价值。同时，因为种种原因，这些元老不能与公司走得更远，需要让出重要位置给更有激情、更有能力的年轻人。但是，公司不能直接让元老退下来，便拿出这35%股权中的35%来进行激励，让他们能够心甘情愿地退居到二线。

第二部分分给了有能力、有激情、有创造力的核心骨干，激励他们更加努力地去提升业绩，创造更大的业绩。这部分人拿到的股权占了这35%股权中的20%。

第三部分则是留存，留给未来的骨干员工，这是比例最大的一部分，占了这35%股权的45%。因为企业要持续发展，需要引进更多的人才，如果留下的股权比例太小，吸引力不足，那么就无法吸引新员工加入，同时也无法激励他们义无反顾地冲到第一线。

联想股权激励的目的就是吸引并留住人才，提升效率与业绩，所以拿出大部分股权来激励年轻的核心骨干以及未来的人才；同时，联想也兼顾了公司元老的激励，用股权换"位置"，既不让公司元老寒心，又实现了管理层人员结构的优化，使其适应当前企业发展的需要。

因为联想的目的明确，一切都围绕着目的来开展，所以股权激励的效果非常好。因此，如果我们想要推行股权激励，就需要明确目的，而不是为了追赶潮流去盲目行动，或者只看到别的企业取得了好的效果便去模仿。

需要明确一点：不同性质、不同规模、处于不同发展阶段的企业，实施股权激励的目的是不一样的。有的是为了回报员工，有的是要提高生产效率，调动员工的积极性与潜力，为公司创造更大的价值，有的则是降低成本压力，还有的是为了面向员工融资，等等。

明确了目的，才能知晓激励计划所要达到的效果，才能选择适合自己的激励模式，确定相应的激励对象，以及之后的调研、访谈、实施等。如果连股权激励的目的都不明确，那么接下来的行为都变得没有章法，无法达到预期效果。

某IT企业，经过几年的发展，业务快速增长，企业发展稳健。与许多处于发展期的企业一样，该企业也遇到了元老占据重要位置，但观念和知识结构已经滞后的情况。想要企业有更好发展，必须尽快完成新老核心员工的交替——让元老退下来，让新锐力量顶上去。

然而，企业创始人在这方面比较犹豫，只是聘用了技术、营销方面的业务骨干来协助元老工作。同时，创始人还拿出10%股权对这些骨干员工进行股权激励。不过，激励效果并不明显，业务骨干一开始还是激情满满，但慢慢就失去了斗志，懈怠下来。一方面，激励力度不大，激励等于没激励。而另一方面，元老认为这些人是来抢功劳的，于是对骨干员工的辅助并不领情也不配合，还因为担心"空降兵"夺了自己的权而处处对他们进行排挤、打压。结果，企业现状不仅没有得到改变，还因为内耗严重阻碍了发展。

总而言之，进行股权激励之前，我们必须明确公司搞股权激励的目的是什么。这是制定股权激励的第一步，也是最重要的一步。确定股权激励目的时，我们必须遵循以下原则：

第一，股权激励的核心在于激励未来，所以其模式与方法都应服务于企业的发展战略；

第二，把企业业绩增长作为前提，不能脱离业绩来制定激励计划；

第三，兼顾企业稳定发展，吸引更多的优秀人才；

第四，做任何事都必须考虑周全，进行股权激励时要注重对员工的激励，同时也要注意对激励对象的约束；

第五，注意股权激励的长期性，不是只实施一次就可以了，也不要期望一次就能达到最佳效果。

正确挑选股权激励的对象

股权激励不能简单地进行"一刀切"，对所有人都进行激励，确定激励技术骨干后，便随意划定范围——进入公司达到一定年限，技术能力强的员工就可以成为被激励对象；或者以业绩为标准，当业绩达到了一定要求后，无论进入公司多长时间都能成为激励对象。股权激励选错了人，应该被选择的没有被选择，不应该被选择的却被选择了，结果只会适得其反，最终企业也将"赔了夫人又折兵"。

一些企业为了调动员工积极性而进行股权激励，从上到下把所有员工都纳入激励范围，就连新入职的员工也不例外，结果股权激励成了员工福利、普惠性奖励。虽然不同职位的激励对象，得到股权的多少有所区别，但是因为企业创始人对激励对象的选择存在理解上的偏差，不仅没起到激励作用，反而让核心员工的积极性受到打击，造成了人才的流失。

一些企业选激励对象时，没有对员工进行评估，只考虑其在职时间以及业绩是否优异，忽视了其价值观、忠诚度等问题。如果一名员工在企业服务多年，且业绩表现优异，但是不认同企业价值观，忠诚度也不高，那么在企业实施股权激励时拿到了一定股权后便开始得过且过，认为自己已经成为企业的"主人"，为什么还要辛辛苦苦地工作呢。结果不仅个人业绩一路下滑，还将坏的风气带入了工作环境，破坏了工作氛围，导致团队凝聚力、积极性受到严重影响。

因此，选择正确的人，应该是股权激励的重点。股权激励的对象应该是在公司具有战略价值的核心人才，包括拥有关键技术、掌握关键资源以及核心能力的人员。同时，我们应该按照以下三项原则来确定激励的对象，如图1-3所示。

第一，价值原则。

这里所说的价值，既包括过去的价值，即激励对象对公司发展的贡献，也包括未来的价值，即激励对象未来能为公司发展创造的价值。而且，后者所占比重应更大一些。

评估激励对象的价值，需要从业绩考评与岗位考评着手，考察其岗位价值、素质能力以及历史贡献。公司可以根据一定标准对这些因素进行量化衡量，人才价值分数高于标准的人员才能进入股权激励计划的人员名单。

第二，划分标准的刚性原则。

在选定激励对象时，一些标准是刚性的，比如职务和级别规定。只要标准确定下来，那么划入激励对象的范围就一目了然了。假设划分标准为公司核心经营管理团队，包括总经理、副总经理等，那么部门经理就不能成为激励对象。

划分标准不能模糊不清或有歧义，比如"认同公司价值观"就不是一个刚性的标准，因为我们无法精确地划分被激励对象是否认同公司价值观。

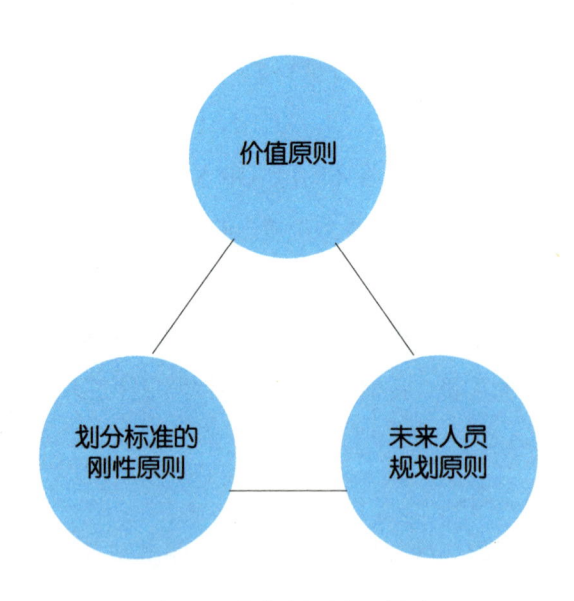

图 1-3 激励对象选择三原则

第三，未来人员规划原则。

确定激励对象时，我们要具有前瞻性，应根据公司发展规划，明确未来3~5年的人员规划，激励对象在未来必须具有强大的发展潜力，公司同时需要为未来人才的激励预留出足够的股份。

除此之外，我们选择的激励对象还要符合以下三个特征，即具有非常强的重要性，如果其离开公司将会造成重大损失；不可替代性，其价值与作用都是不可替代的；必须满足职级要求。

2014年，创始人李斌创办蔚来汽车。公司成立之初，一开始为了招兵买马，组建一个全球化的团队，李斌推出了股权激励计划。激励对象包括全体员工，即董事、员工、非员工顾问都有机会获得股权激励，实施时间为每年一次，共四期。由此，蔚来吸引了诸多世界顶级的汽车人才，包括800多名来自40多个不同国家和地区的外籍员工或非员工顾问。

为了正确挑选激励对象，减少"搭便车"的情况，李斌采取了滚动授予、持续激励的模式，之后根据员工的表现进行个量的调整，重点激励公司的中坚力量和高端人才。2018年、2019年和2020年，蔚来每年都对核心研发人员进行了股权激励，其费用占总股权激励成本的16.1%、24.8%和27.3%。到了2021年，前三个季度的研发人员股权激励费用占总股权激励成本的35.4%。

由于蔚来选择了正确的激励对象，其活力与创新能力才不断增强，营收也持续提升，公司在新能源汽车竞争中始终保持先发优势。

总之，正确挑选股权激励对象是非常重要的，只有选对人，才能使股权激励发挥最大的催化价值，实现员工积极性、创造性的提升，促进公司业绩的大幅增长。相反，如果选错了人，丧失公平感，轻则引发员工不满，影响士气与业绩，重则阻碍公司未来发展。

做好股权激励，原则不可破

"没有规矩，不成方圆"，做任何事，我们都必须遵循一定的规矩与原则，股权激励也是如此。实际上，股权激励设计实施的一些原则都是我们在长期实践过程中总结、积累而来，关系到激励的成功与否、效果如何。因此，如果没有特别的原因，最好不要突破这些原则。

在具体操作过程中，我们应该依据企业实施股权激励目的，遵循以下六项原则来设计实施股权激励方案，如图1-4所示。

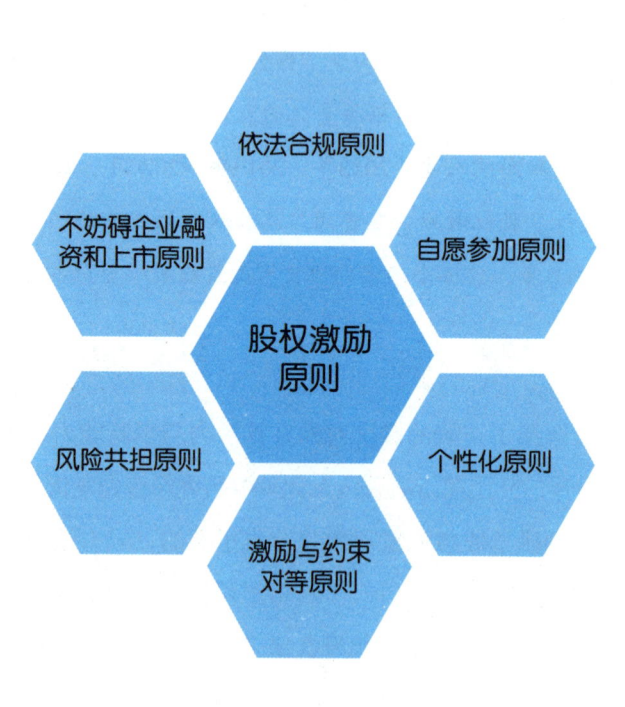

图1-4 设计股权激励方案应遵循的原则

第一，依法合规原则。

证监会颁布的《上市公司股权激励管理办法》中明确规定了上市公司股权激励的模式、授予权益的价格、授予的程序以及其他方面内容，一旦企业不遵循相关规定，激励方案肯定不能通过证监会的备案或审批，甚至可能会受到处罚。所以，企业在制定股权激励方案、实施股权激励方案时必须遵守《上市公司股权激励管理办法》以及其他相关规定。

现在，很多企业在全国中小企业股份转让系统挂牌出让股份，也就是我们常说的新三板挂牌。虽然这些企业不是严格意义上的上市公司，但是也受到相关规定的约束，不能突破依法合规原则。例如，企业如果采取定向发行股票作为股票来源，那么每次定向发行的人数不得超过35人。同时，持股平台不可以参与新三板挂牌企业定向发行。

对于非上市公司（包括股份有限公司与有限责任公司）来说，必须遵守《公司法》以及遵守国家关于股权激励、股份支付的财税方面的法律、法规。否则股权激励计划不仅无法得到顺利实施，企业还会受到证监会处罚。

这一原则是企业进行股权激励必须遵守的基本原则，任何违反法律法规的股权激励方案都是无效的。

第二，自愿参加原则。

员工参加或不参加股权激励都需要出于个人自愿，激励方案吸引力强，让员工能得到更多收益，员工自然愿意参加；相反，员工就不愿意参加，企业不能强迫或变相强迫员工参与股权激励。

这里的变相强迫，是指企业以不能升职、辞退相威胁，或是在薪酬方面区别对待，甚至是在工作中"穿小鞋"来胁迫。事实上，即使员工被强迫参加，那么积极性、创造性也无法得到调动，达不到激励效果，甚至还可能适得其反，引起内部矛盾，最终流失重要人才。

某公司决定对员工进行股权激励，激励方案是需要员工出资购买股份的，享受分红权与收益权。这本来是一个不错的股权激励方案，所有的激励对象都积极踊跃参加。但是，某技术经理不想参加，原因很简单，虽然股份价格非常优惠，但也需要出资几十万元，并且激励股份有一定的锁定期。

这位技术经理因为父母年纪大，妻子患病，并且还有子女要养育，无法筹集到足够资金，便直接拒绝参加此次激励计划。结果，企业创始人却认为他思想消极、对公司缺乏信心，刻意破坏公司的股权激励计划，所以给出两个选择，离开公司或者出资购买公司股票。这样一来，这位技术经理彻底对公司寒了心，毅然离开，跳槽到其竞争对手那里。

最后，公司不仅失去了重要人才，还引起了连锁反应——几位核心员工相继离职，导致公司元气大伤，股权激励也不了了之。

股权激励就是为了吸引、留住并激励人才，一旦违背了自愿参加原则，那么只能适得其反。

第三，个性化原则。

很多企业家认为股权激励非常简单，就是把股权分一分，再确定员工应该获得多少就可以了。在这种思想指导下，他们只是简单地模仿其他公司的激励方案，甚至直接把人家的方案拿过来修改一下就直接推行了。

殊不知，这样的方式只会导致股权激励的失败，浪费了时间、成本，对于员工却没有任何激励作用。要知道，即便是规模相近，经营业务相同，组织结构类似的企业，其股权结构、财务特征、发展速度、员工素质等相关因素也有所差别，甚至会天差地别。别的企业成功的方案也并不适合自身。所以，我们不能一味地模仿，而是应该根据自身实际情况，制定适合自身企业的个性化方案。

第四，激励与约束对等原则。

权利与义务是相辅相成的。在设计股权激励方案时，我们需要考虑股权激励如何起到激励效果，给员工多大额度的股份才能激发其发挥最大价值，相应地还需要考虑如何建立约束机制，让员工承担一定的风险和义务，这样才能避免短期行为的产生。

约束机制，不仅约束员工如何行权、如何获益、如何退出，还必须考虑如何对其进行奖罚。公司需要设置业绩指标，对员工进行考核，如果达到要求的话会获得哪些具体收益，如果不能达到要求将受到什么惩罚——包括无法获得股份、被授予的股份将被回购等。同时，还要包括员工在公司服务期内不得从事损害公司利益的约束，如果违反了这些规定，企业可以要求激励对象退还股份以及收益，甚至需要赔偿公司的经济损失。

第五，风险共担原则。

在股权激励中，员工获得股权、分红权和收益权。享受了利益，同时也需要承担相应的风险。出资购买股份的员工，一旦遇到公司股票下跌或者绩效目标未完成的情况，就需要承担利益损失的风险。

这时，企业与员工需要共同承担风险，企业不能把风险转嫁到员工身上，员工也不可逃避承担风险的责任。只有企业和员工做到共进退、共同承担风险，企业才能安全度过低谷，实现持续发展。

第六，不妨碍企业融资和上市原则。

进入资本市场，是绝大部分企业的梦想。所以，企业在设计股权激励方案时，需要考虑到公司融资与上市的需求，不能成为其获取外部融资与进入资本市场的障碍。

企业需要合理调整股权价格，做好治理结构、顶层设计，解锁未解锁或未行权的股份，同时及时调整经营战略和业绩状况，以便适应企业的发展需求以及融资和上市的需求。

股权激励的设计实施只有遵循以上六项重要原则，才是科学的、合理的，才会有好的实施效果，进而促进企业长期稳定发展。

第二章

三思后行：股权激励前期准备

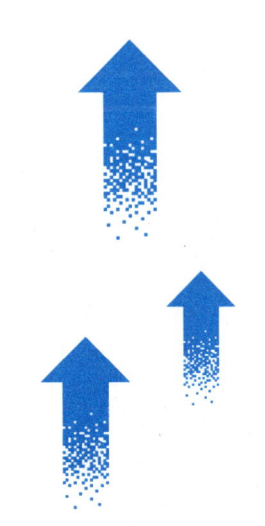

什么时候激励最恰当？

公司决定要实施股权激励，什么时候才是最佳时间点？是公司成立之初就进行，还是等到企业成熟之后再进行？是公司蒸蒸日上之时，还是业绩出现下滑的时候？这是很多企业创始人、大股东需要考虑的问题。

股权激励的目的是吸引、约束和留住人才，让企业的人力资源实现价值最大化，实现持续快速的发展。在不同的发展阶段，企业对于人力资源的需求是不同的，所以不管企业处于哪个发展阶段，当需要激发员工的积极性、创造性、凝聚力时，就需要进行股权激励。另外，股权激励其中一个目的是解决资金短缺的问题，那么当公司处于初创阶段，为了满足筹集资金、减少融资成本的需求，也需要通过出让股权的形式来实现这一目的。

首先，我们需要了解企业的几个发展阶段：初创期、成长期、成熟期、衰退期，如图2-1所示。

第一，企业初创期。

企业初创期，最缺的是资金与人才。这时，企业最关键的就是留住优秀人才，尤其是参与创业的核心人物，让大家看到未来的发展希望，能以共同目标为追求。因此，这个时期开展股权激励，可以运用核心合伙人参与利润分红的方式，即合伙人以资金、技术和能力入股；对于能力强的员工也可以给予一定的股权，激励他们把公司的事业当成自己的事业去奋斗，促进公司快速发展，同时在一定程度上解决企业需要人才又要控制人力成本的难题。

需要注意的是，为了企业发展的考虑，企业创始人不能失去控制权或让出经营权，可以给予技术型股东干股，给予激励对象分红权，但是不能让其参与经营决策。

第二，企业成长期。

处于成长期的企业，业务快速增长，上升势头非常好，需要加快扩张发展的脚步。这时，企业配合业务发展需要扩大组织规模，增设一些职能和业务部门，吸引更多的人才，进一步优化完善组织管理方式。在这个过程中，股权激励对于员工的作用就显得非常重要了。

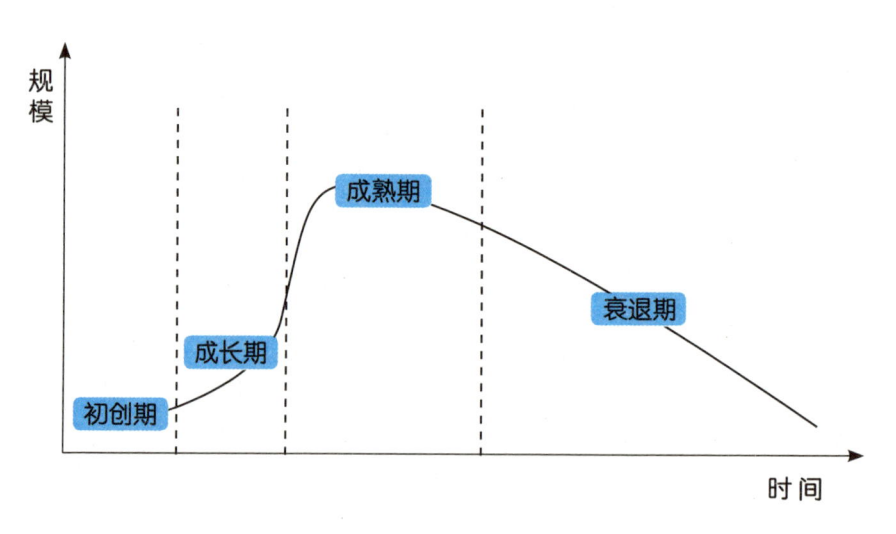

图 2-1　企业四个发展阶段

随着公司规模的不断扩大，公司创始人已不能直接管理公司所有人员，间接管理越来越多，公司的整体运营效率也不断下降，部门之间出现推诿扯皮、员工出现消极懈怠与积极性不足的情况。所以，公司需要提升核心人才的责任心，使其具有企业主人翁的心态，稳定高级管理人员、中坚力量，激发其工作激情使其全力以赴为公司事业拼搏。

针对核心高级管理人员，可以给予实股股权；对于核心技术人员与中层管理人员，可以给予期权或虚拟股权。

第三，企业成熟期。

这个阶段，企业已经具有较大规模，有了稳定的客户群体，并且营业收入也比较稳定。但是，由于市场竞争日趋激烈，市场增长缓慢，生产能力过剩。因此，企业往往会考虑进入资本市场，进行融资、上市，而在此之前，创始人往往会给予员工股权激励，目的是凝聚人心，稳定现有的管理人员与业务骨干。

短视频平台快手在上市前实施了雇员持股计划，目的是吸引、激励、留任及奖励公司高级职员、董事，目的是使股权激励计划得到"金手铐"的效果，把员工利益与公司股东利益相结合，进而留住人才。

这些激励股份的形式为受限制股份，股份数量上限为711 946 697股，其中已行使363 146 799股，作为B类股份发行，授予人数为4551。股票的购买价格不得低于普通股的面值，期限为10年，且规定5年内按照每年不低于20%解除限制。

第四，企业衰退期。

企业发展呈周期式波动，有繁荣，就有衰退。当一家公司第一曲线进入下降阶段，而第二曲线还没有找到或还没有得到成长，那就不可避免地进入了衰退期。当然，没有任何创业者希望自己的企业进入衰退期，所以当企业出现销售下降、生产能力严重过剩、利润大幅度下降时，需要进行股权激励，一方面调动人员的积极性，一方面避免人才的流失。

此时，企业适合进行岗位分红权的形式，确保留住关键岗位的关键人员。

当然，除了以上四个基本的阶段，公司还需要在一些关键节点，比如有融资需求时或IPO之际、商业模式出现重大创新、制定新的发展战略以及并购重组时进行股权激励。每当企业发生重大变革、制定重大发展战略时，都需要改变人才原有思维，调动其积极性和能动性，把激励对象和企业的利益捆绑在一起，同时避免企业内部产生矛盾与动荡。

尤其当公司的资本战略以股权融资为目标时，需要开展股权激励来进行配合。因为这也是投资者考虑的一个重要因素，而创始人进行股权激励也能得到非常好的效果。

2019年5月17日，瑞幸咖啡宣布在美国纳斯达克上市，融资规模达6.95亿美元，市值约为40亿美元。而四个月前，瑞幸推行了股票期权计划，拿出158 031股普通股来激励对公司有重大贡献的员工。激励计划为一个10年期的计划，用于本次激励计划的158 031股普通股占IPO前总股本的4.95%。

激励对象包括员工、高级职员、董事、业务合伙人或任何其他由董事会认定的、已经或将对公司作出贡献的个人。其中还包括外部合伙人，即为瑞幸咖啡提供场地资源的合伙人。

瑞幸咖啡实行"AB股"的投票机制，授予的期权所保留和可发行的所有普通股，在发行该类普通股时，被指定为A类普通股，将收益权给予激励对象。此次激励计划的目的是股权融资，因此，在确定股权融资机制时，约定既得期权在IPO后可行使，股东自我承诺上市后180天不减持，而A股的发审政策需要股东自我承诺锁定36个月。

总之，股权激励是企业众多激励手段中的一种，并不是说处于成熟阶段的企业就适合进行股权激励，而处于初创阶段的企业就不适合开展股权激励。任何阶段的企业其实都适合做股权激励，只是企业处于不同阶段，适用的激励模式、方式有所不同而已。此外，不同时机，其成功率不同，效果也大为不同。

股权激励需要选好时机，同时，根据企业的实际情况制定适宜的激励方案。如果时机不对，并且选择的方式不对，那么不仅无法达到激励效果，反而会增加运营成本。处于创业初期的公司，盈利水平较低，股权价值还未体现出来。这时，如果企业管理者没有选择利润分红的干股形式，而是选择虚拟股票的形式，那么这样的激励计划恐怕无法激发激励对象的热情与干劲。因为对于员工来说，这无疑是在"画大饼"。

激励股份，做"加法"OR"减法"

实施股权激励，需要拿出股份作为股权激励的标的。股权激励的标的就是股权激励的形式，主要包括实股、虚拟股、期权（期股）等。实股就是真实的股权；虚拟股是协议约定的收益权；而期权（期股）则是协议约定的获取权，是虚拟股转化为实股的工具。

进行股权激励前，我们必须确定激励股份的来源问题。因为不同的股份来源，直接影响到企业原有股东的权益。对于上市公司来说，其来源具有多样化特点，包括回购本公司股票、二级市场购买、被激励对象认购非公开发行股票、股东自愿赠予，以及法律和行政法规允许的其他方式等。

一般来说，股东自愿赠予的方式，适合财务独立核算、行业处于成熟期的法人实体。创始人或大股东对公司有控制权，掌握绝大部分股份，为了公司扩张、提升团队凝聚力而自愿拿出一部分股份作为激励标的。而实施的前提就是不影响创始人、大股东对公司的控制权，避免股权的过度稀释。

同时，绝大部分公司会设立期权池，在投资人进入前，预留一些股份给未来的核心人才。这部分股份是固定的，一般占总股份的10%~20%。通常不超过本次股权激励计划拟授予权益数量的20%。

对于创始人、原有股东来说，期权池预留会稀释其股权，进而影响其对公司的控制权。因此，我们必须做好规划，预留比例不能太多。另外，预留比例也不能太少，否则无法满足未来股权激励的需求，对激励对象失去吸引力。

某企业融资前的估值为800万元，如果风险投资的投资金额为500万元，那么融资后企业估值就变成1300万元，风险投资人拿到38.46%的股权，创始团队获得61.54%的股权。假设风险投资人要求企业在投资前预留出20%的股权投入期权池，那么企业的股权结构将变为：风险投资人持股38.46%，创始团队持股41.54%，20%的未分配期权。虽然创始团队为大股东，但是并未占据绝对优势，创始人可以与投资人进行协商，适当减少预留的比例，保证自己的控制权。

对于非上市公司来说，并不能通过回购公司股份方式来进行股权激励。因此，一般来说，非上市公司股份来源主要有两种，一是原股东转让，一是增资扩股。我们重点来看后者，如果企业想要进行增资扩股，必须经股东大会2/3以上持股股东表决同意，才能采取增资扩股的方式进行股权激励，行权后公司进行注册资本的变更。增资扩股一方面可以扩大注册资金的规模，另一方面则可以让股权激励计划顺利地进行。

那么，股权激励所需的股份从哪里来呢？其实，我们可以通过两种方式来解决，一是把原有的100%股份逐步释放出去，即做减法；二是将原有股份虚拟成100股，即做加法。两者是有本质区别的，对公司、原有股东的影响也大不相同。

做减法时，等于把原有股份当作一个固定的存量，然后不断地向外分发，使得原有的存量越来越少。

某公司创始人持有100%的股份，为了发展需要寻求技术、运营合伙人，并对核心员工进行股权激励。其拿出30%股份给予两位合伙人，这两位合伙人各占15%，又拿出15%给予三位核心员工，这些员工各占5%，创始人还剩下55%的股份。

如果一位合伙人因与创始人理念不同，拿到注册股后，带着这15%的股份离开，之后一位核心员工也选择带着5%的股份离开，那么因为不断有人离开，带走股份，创始人与公司将遭到严重损失，未来能够分到股份、受到股权激励的人也将越来越少。

从上述这个例子可以看出，这并不是科学的方式，会给企业未来发展带来了不小的隐患。然而，很多企业，尤其是初创企业大都采取了这样的方式。

做加法则不同。做加法，也被称为虚拟转换法，就是将原有股份虚拟成100股，在进行股权激励时，如果要给予激励对象股权，就在原有100股的基础上增加股数。我们还以上述案例进行分析。

创始人要给予合伙人各15%股份，那么就在原有100股的基础上加上30股，使总股数变成130股。给予核心员工15%股份，就在原有基础上再加上15股，促使总股数变成145股。

这样一来，股数是不断增加的，但是为企业继续创造价值的人所持有的股份绝对值不会发生变化。也就是说，分红比例是不断减少的，会不断有人来稀释激励对象的股份。如果激励对象不努力拼搏，那么随着股份被不断稀释，其分红也就越来越少。这种方式不仅避免了公司总股数的减少，还有利于促进激励对象不断提升业绩，多为公司作贡献，进而实现提高利益的目的。

因此，我们进行股权激励时，最好做加法，即采取增发股份的方式。首先要确定公司股份拟为多少股，计划划增发多少股，而不是拿出多少股份来分给激励对象。学会了做加法，就可以规避很多不必要的风险，确保股权激励能够长期有效地发挥作用。

除了明确股份的来源，我们还需要确定激励对象购股资金的来源。对于上市公司来说，因为受法律限制，不得为激励对象提供贷款以及其他任何形式的财务资助，包括为其贷款提供担保，所以激励对象购买激励标的的资金来源主要包括以下方面：一是员工合法薪酬、自筹资金；二是从税后利润中提取专门用于股权激励计划的激励基金；三是公司将资金委托给信托公司，促使信托公司成为名义上的所有人，而公司成为信托的委托人与受益人，然后信托公司再把资金贷给激励对象，让其购买公司股票。

对于非上市公司来说，因为并没有相关法律限制，所以除了以上三种方式外，公司可以借款给激励对象或为激励对象的贷款进行担保。

华为进行股权激励时，通常会考虑员工的购买能力，如果新员工不能自筹到足够资金，那么公司就会为其提供贷款担保。这样一来，员工就可以从银行贷款来认购相应比例的股权。这对于员工来说无疑是一种变相的激励与鼓励。

另外，一些公司也会采取从激励对象工资或奖金中做扣除的方式，作为认购股权的资金。当然，前提是员工自愿接受激励，而不是强行进行激励，以达到企业集资的目的。

股权激励需要逐步推进，不能一蹴而就

很多企业管理者认为股权激励是可以一蹴而就的，一次激励就能彻底解决公司员工积极性、战斗力不足的问题。他们认为激励计划制定之后按部就班执行就可以了，不需要进行调整与变更。事实上，这是一种错误的想法。

做任何事情都需要逐步去实现，而不能幻想一蹴而就，股权激励亦是如此。我们决定进行股权激励，不能立刻将全体员工纳入激励范围，而应该首先去激励高级管理人员、核心员工以及有突出贡献的员工。一

方面是因为有些员工对公司还没有足够信心，还有很多顾虑和想法，不能确定是否愿意花钱买公司的股份。另一方面，进行全员激励的时机不对，也会导致效果大打折扣。

如果我们先对核心高级管理人员，包括总经理、副总经理进行激励，取得良好效果之后再通过他们去影响和带动更多人，一步步来，分阶段去逐步推进，那么效果自然大有提升。

从另一层面来说，在第一次对核心成员进行股权激励时，企业管理者与激励对象都没有百分之百的把握，不确定是否能达到预期效果。这时，先采取保守的方式，进行分红股或者虚拟股权的激励，即激励对象只持有公司分红股或者虚拟股，享受分红权、收益权，但是没有所有权、表决权，不能转让、出售股权，同时离开公司就意味着放弃相关权利。那么，对于企业管理者来说，便不会面临股权稀释、失去控制权的问题。即使激励失败，也不会影响公司决策和运行。

等到股权激励取得成效时，再进一步进行股票期权、期股、业绩股份等形式的股权激励，进而让激励对象持有公司实股，实现长期激励的目的。因为激励对象之前已经获得了收益，并且对公司的信心有所增加，积极性也提高了，这样一来，股权激励的效果也将大大提升。

简单来说，在对员工实施激励的过程中，我们需要做好计划，先进行短期激励，采取分红股或者虚拟股的形式，而选择的激励对象也是少数核心高级管理人员；之后再进行中长期激励，采取实股激励的方式，进一步扩大激励的范围，增加激励对象的人数、激励的个量与总量；最后制定出长远的股权激励计划，有条不紊逐步推进，才能有效激发员工工作的激情与潜力。

那么，是不是股权激励方案一经确定，就不能或不需要调整与变更了？当然不是。在激励方案实施后，我们需要做大量的股权管理方面的工作，涉及人力资源、薪酬分配、业绩目标制定、考核等，这些工作也存在着不确定因素。所以，我们需要在运行激励机制时做出调整与变更，避免照本宣科而影响股权激励方案的实施以及效果的实现。

以星巴克的股权激励为例：

在星巴克，员工被称为"合伙人"，满足条件后都可以在特定时间内加入相应的股权激励计划，而且其激励计划是多层次的，适用于不同群体。

1991年，星巴克针对员工推行"咖啡豆期权计划"，即主管以下的普通员工满足一定工作时间后参与该计划，在授予日前一财政年度的4月1日已经受雇于星巴克或者前一财政年度连续工作日不少于500小时的员工，以及主管以下的员工都可以参加。

星巴克采取限制性股票的形式，单元总金额是基本工资的10%～14%，价格为授予日星巴克股票的收盘价。授予后，分两个财政年度按照50%、50%兑现。这一计划于2006年在大中华区开始实施。

同时，星巴克还实施股票投资计划，即被星巴克雇用90日以上，且每周工作时间不少于20小时，达到一定考核条件即可参与。每名员工的申购限额为其基础薪酬的1%～10%，每个季度结束后，取该季度第一个和最后一个工作日中星巴克股票收盘价最低值的85%，以抵扣薪酬的方式认购星巴克的股票。

星巴克还针对中高层管理人员推行关键人员期权计划、股票期权奖励。由当年经营状况、收益率、个人基础薪酬以及股票预购价格或公司允诺价格来确定数量，根据股票预购价格或公司允诺价格的85%来确定价格，等待期为五年。

可以看出，星巴克的股权激励并不是一蹴而就的，而是不断在调整与变更的，不仅结合了企业的自身发展需求、企业特有的经营理念，同时考虑到员工、合伙人的利益，慢慢形成了一种多层次的合伙人股权激励模式。

我们进行股权激励的目的是满足企业发展需求，提升员工积极性及公司业绩等。所以，我们需要根据实际情况对激励计划进行调整，其中包括对于激励范围、激励对象以及价格的调整。

2017年，科大讯飞在实施股权激励计划时，就曾对股权激励计划的价格、激励对象名单及授予数量进行了调整。

2014年11月，科大讯飞实施第二期股票期权激励计划，向激励对象授予股票期权，总计950万份，约占公司总股本的1.19%，其中首次授予激励对象212人，股票期权855万份，占公司股本总额的1.07%，预留95万份，占授出股票期权总数的10%。有效期为自股票期权授予日起五年，自授予日起满24个月后，首次授予激励对象应在可行权日内按30%、30%、40%的行权比例分期逐年行权。

经公司股东大会授权，确定2015年1月12日为授予日，向211名激励对象共授予850万份股票期权，每份期权行权价格为29.88元。也就是说，科大讯飞对于激励计划进行了调整，因为激励对象的离开，激励人数减少，数量也有所降低。

同年4月18日，激励对象人数调整为210人，而因为利润分配的问题，授予数量与价格也发生调整，授予股票期权数量调整为1272万份行权，价格调整为19.82元。之后，科大讯飞又因种种原因，多次调整激励对象人数与股票期权的数量。

2017年4月17日，科大讯飞再次调整股权激励计划的价格、激励对象名单及授予数量,首次授予股票期权的行权价格调整为19.62元,预留股票期权的行权价格调整为36.78元,限制性股票激励计划首次授予的激励对象人数为922人,数量为6258.4万股。

影响股权激励成败的关键因素

企业实施股权激励后,员工的积极性和自发性就一定能被调动起来,企业的业绩就一定能提升吗?答案是否定的。有些企业一味模仿其他企业的成功案例,没有考虑自身企业的商业模式、发展阶段,而是盲目地进行激励,自然不会取得好的效果。有些企业采取传统的管理模式,公司治理结构、绩效考核制度等都存在问题,那么即使激励计划本身再完美,也将以失败告终。

所以,想要提升股权激励的成功率,使其发挥最大价值,我们必须考虑一些关系到激励计划落地问题的因素,如图2-2所示。

第一,公司内部治理结构。

一般来说,企业的股东会、董事会、经理层和监事会组成公司内部治理结构,它直接关系到股东的权利、责任以及利益,并且对股权激励的成败、效果有很大的影响。治理结构完善合理,创始人、大股东有控制权,管理层权责分明,真正做到利益共享、风险共担,就可以避免股权纷争、股权分散等问题,进而更有效地对员工进行激励。

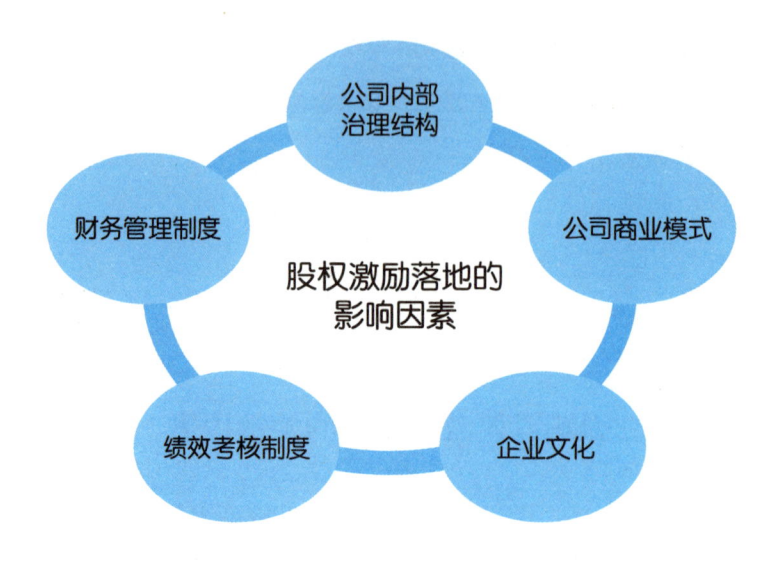

图 2-2 股权激励落地的影响因素

企业内部管理者、股东之间关系协调，权力下放，责任下沉，部门之间不相互推诿，就可以减少公司的运营成本支出，同时有效地对绩效、激励计划进行更好的监督和控制。

事实上，很多企业的治理结构不科学，有些企业采取了家庭管理模式，有些企业内部各利益相关者形成小的集团，关系不协调，彼此意见分歧明显，甚至明争暗斗。这样一来，企业的管理与决策注定存在问题，进行股权激励时，其成功率也会大大降低。

股权激励制度是公司治理结构的一个重要组成部分，影响着公司治理结构，反过来，公司治理结构在一定程度上也影响了股权激励。其影响主要是体现在企业内部各个部门之间权力关系的合理配置，而公司的权力主要分为经营权、决策权、控制权以及监督权。因此，公司内部治理结构不完善，董事会制定激励制度时，可能损害其他股东的权益，同时难以形成完善的监督机制。损害了其他股东的权益，就容易产生内部纠纷，导致团队四分五裂；缺乏完善的监督机制，激励计划便无法有效地落地，容易让激励对象出现短期行为，或是管理者在行使职能时过分地滥用权力，无法为激励对象提供长期有效的激励。

同样，企业如果能完善公司治理结构，那么便可以有力地促进股权激励的成功实施，同时推进企业的各种改革，助推企业进入跨越式发展阶段。

以正泰为例：

南存辉与家人一起创业，成立家族企业，其合伙人、管理层包括妻兄黄李益、弟弟南存飞、外甥朱信敏、妹夫吴炳池和林黎明等。因为采取家族企业的管理模式，所有人心往一处想、劲往一处使，企业在最初发展非常强劲，迅速成为行业中的佼佼者。

但是，随着投资人、新股东的进入，企业内部治理结构也发生了转变，原有股东与新股东之间发生了矛盾，企业内部内耗比较严重，诸多决策无法正常进行。于是，南存辉决定进行改革，弱化家族成员的股权，同时对优秀人才进行股权激励。在进行股权激励时，南存辉不断优化公司治理结构，让不再胜任的家族成员、公司元老退下来，将优秀的人才纳入高级管理层，包括管理岗位、技术研发岗位和销售岗位，实现了所有权和经营权的分离。他对于非持股的管理人员进行股权激励，推出岗位激励股。同时通过公司上市，进一步完善公司治理结构，提升企业核心竞争力。

通过这样一番操作，股权激励计划取得了很大成功，同时也完善了企业的管控模式、控制权安排，加强了管理层的核心战斗力，进而将正泰推向了一个新的发展阶段。

第二，公司商业模式。

企业的商业模式就是它的经营手段、盈利方式，也体现在公司的业务范围上。在企业资本化过程中，商业模式决定了企业的发展方向。所以，在制定股权激励计划时，我们需要根据企业的商业模式来确定股权激励模式。

对于传统行业的企业来说，其业务的盈利能力比较强，经济效益、利润状况可以通过经营管理来实现，但是未来股权的价值提升空间不大，所以适用于以分红权为主的虚拟股模式；对于新兴的科技企业来说，其业务风险比较大，股权的增值空间也非常广，但是在经济效益、盈利能力方面存在着缺陷，所以适用于股权、期权的激励模式。

在进行股权激励时，如果不以公司的商业模式为指导，认为哪一种模式好就选择哪一种，结果注定会失败。

第三，企业文化。

企业文化是企业在发展过程中逐步形成的被全体员工认同并遵守的使命、愿景、宗旨、价值观和经营理念。它是企业的灵魂，也是推动企业发展的动力，影响着企业的经营策略、员工工作效率、企业社会责任以及企业创新等。

缺乏企业文化，企业便无法形成凝聚力、战斗力，员工很难具有主人翁意识，更难与企业形成利益共同体。所以，想要提升股权激励的成功率，不仅要完善公司内部治理结构，更需要重视企业文化的建设。

来看这个案例：

早在2001年，比尔·盖茨就曾预言平板电脑将成为美国市场上最流行的品种，而且微软当时也组建了平板电脑研发团队。但是，这一项目的研发工作却没能继续，因为当时负责office项目的副总裁拒绝改动相应的软件让其能够兼容平板电脑。而与此同时，苹果却最先开发出来iPad这一个开辟个人电脑新时代的产品，因为当时乔布斯制定了整个公司的共同愿景，在这种浓厚创新氛围的影响下，公司每位员工都为这一项目竭尽所能。

在浓厚企业文化的影响下，股权激励更容易成功，无论高级管理层、核心技术骨干还是普通员工都能被点燃激情，为了企业的愿景与目标奋斗，进而实现重大突破。

第四，绩效考核制度。

只有激励，没有绩效考核，不仅无法成功实施股权激励，还容易导致企业的失控。绩效考核制度是股权激励的基础，也是对激励对象的约束与控制。在激励的同时，激励对象还会受到来自企业和市场的压力和鞭策，这样一来，才能使股权激励计划顺利进行并且发挥最大的效用。

绩效考核，就是把激励对象的价值、能力进行量化，用数字来督促、监督他们，这样一来才能明确哪些员工有资格进入，在什么条件下可以获得权益，以及如何退出，进而确保股权激励的公平性和激励性。

第五，财务管理制度。

在进行股权激励时，我们必须完善企业的财务审计管理制度，因为财务管理制度是企业内部制度的基础与前提，只有建立健全了科学规范的制度，才能让激励对象的合法权益得到更好的保护，确保其合理预期得到实现。

实际上，一些家族企业或个人控股企业的财务管理是非常混乱的，甚至很难分清哪些是股东财产，哪些是企业财产，股东甚至能随意从公司账户里支取资金。在这种情况下，企业很难实施股权激励计划，即使制定了激励计划也难以有好的结果，因为员工对公司根本没信心，无法确认自己努力创造的价值会不会被挪用。当员工对公司没信心时，积极性就很难被激发，公司也就很难有凝聚力。

在激励与约束之间寻求平衡

股权激励是为了激励员工，提高工作效率，促进企业长期稳定发展。其本质是人力资源的管理与激励。它是双方的契约，对公司与员工都能起到激励与约束的作用，因此想要达到预期目的，我们需要寻求激励与约束的平衡，设定好约定条件。

那么，如何设置约束条件，需要在哪些方面进行约束呢？我们需要从四个方面出发，具体如图2-3所示。

第一，时间约束。

在股权激励方案中，时间是一个天然的约束条件，我们需要确定激励计划中的时间安排，包括确定股权授予日、有效期、等待期、可行权日、禁售期等。

授予日是向激励对象授予股权激励的日期。对于上市公司来说，授予日必须是交易日，但也有相关限制，不能是上市公司定期报告公布前30日；不能是交易或重大事项决定过程中至该事项公告后两个交易日；也不能是其他可能影响股价的重大事件发生之日起至公告后两个交易日。而对于非上市公司来说，授予日应当是工作日，且最好在考核日期前后；应当与企业战略目标的起始日相一致。

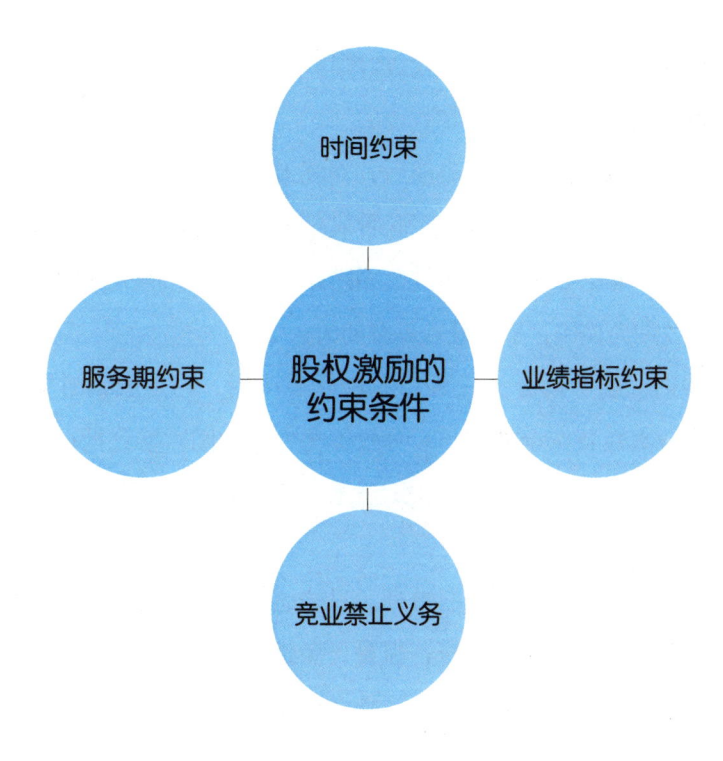

图 2-3　股权激励的约束条件

一般来说，等待期、行权期、失效期等时点，都是以授予日为起算点。授予日与获授股权首次可以行权日之间的间隔不得少于一年，并且需要分期行权。

有效期是获授人可以行使股权权利的期限，从股权激励计划经股东大会或者证监会审批生效起到最后一批激励股权行权或解锁完毕。对于上市公司来说，股票期权的有效期从授权日计算不得超过10年；首次公开发行并上市前获得的限制性股票，最短（上市之日起算）为12个月，最长为36个月。对于非上市公司来说，法律没有强制性规定，一般为3～8年。另外，有效期设置应该符合企业自身发展需求，需要与企业阶段性项目或阶段性战略目标的完成时限保持一致，不得超过员工劳动合同的有效期。

等待期是激励对象获得股权后，需要等待一段时间，满足一系列事前约定的约定条件后，才能真正获得股份或者相关权益。上市公司的最短等待期是一年，最长不得超过公司阶段性战略目标的完成时间。一般来说，有效期为10年，那么最短等待期为3~5年。

等待期一般可以分为三种：一次性等待期，约定激励对象在等待期结束后一次性获得全部权益；分批等待期，激励对象分批行权，分次获得相应权益；业绩等待期，激励对象需要在有效期内完成既定业绩目标，就可以获得全部权益。

从等待期满次日到股权有效期满日的这段时间称为行权期，在这段时间内，每一个交易日都是可行权日，激励对象可以行权。但是，证监部门也设置了窗口期，激励对象只能在窗口期内行权。根据相关规定，窗口期是上市公司定期报告公布后第2个交易日至下一次定期报告公布前10个交易日内，激励对象只能在这段时期内行权。

禁售期，顾名思义就是激励对象不得转让、出售持有股票的时期。企业需要根据自身需求来设定禁售期期限，目的是防止激励对象的短期套现行为，以免给公司、股东带来不必要的损失。

第二，业绩指标约束。

对于公司与员工来说，业绩考核是非常关键的。如果能设置一个合理的业绩目标，并且对员工进行科学的评价与考核，可以大大地提升员工的积极性，避免短期行为的产生。

在股权激励中，大部分公司都会设置业绩指标，而且这个指标是硬性的。

某公司设置约束条件，公司营收同比增长10%便授予激励对象股权，如果营收同比增长低于10%便不授予股权。激励对象完成业绩指标，便可以被授予相应股权，一旦达不到业绩指标，便不再授予股权。

设置这样的业绩指标，不仅明确了激励对象的范围，还避免了一些员工因为没有被激励而心生不满。因为没有达到业绩指标，不足以达到授予资格。员工如果想要拿到股权，就必须加倍努力，创造更大的价值。所以，这也有利于激发员工的积极性、能动性，提升业绩水平。

需要注意的是，业绩指标的制定必须科学、合理，不能太高，也不能太低。太高，员工即使付出再多努力也无法实现，那么激励就失去了意义，反而得不偿失；太低，激励对象轻松就能获得股权，动力自然不足，达不到激励效果。

苏泊尔就因为业绩指标设定比较低，导致其股权激励没能达到预期效果。

2021年12月，苏泊尔公告公司拟使用自有资金以集中竞价交易方式回购部分社会公众股份用以实施股权激励计划，拟回购股份数量为120.95万股，最高价不超过每股67.68元，总计最高不超过8185.90万元。

在这次股权激励计划中，激励对象包括公司中高层管理人员和核心技术(业务)人员以及董事会认定需要激励的其他员工，共计293人。满足授予条件后，激励对象可以每股1元的价格购买公司回购的A股普通股票。

这意味着激励对象不必支付过高的激励对价，就可以获得限制性股票。然而，股权激励的价格太低了，几乎以赠送的方式给予少数高级管理者和公司核心人员。最重要的是，苏泊尔的股权激励业绩考核指标也非常低，即设立考核条件为2022年归属于母公司股东的净利润不低于2021年的

105%；2023年归属于母公司股东的净利润不低于2022年的105%。

虽然苏泊尔发布公告解释称业绩考核指标设置具有科学性及合理性——疫情的持续影响、大宗原材料价格上涨、国内消费需求疲软等因素给公司未来经营造成了一些不确定性影响，同时，核心业务所在的厨房小家电和炊具业务市场趋于饱和，行业竞争比较激烈。但是，一些专业人士仍认为这样的业绩指标是非常低的，因为相关数据显示，苏泊尔2021年前三季度营收同比增长了17.74%，归属于上市公司股东的净利润同比增长了14.82%。

在这个股权激励方案中，这样低的业绩考核标准对于激励对象来说，不具有任何激励意义。

第三，竞业禁止义务。

在股权激励中，公司需要对激励对象进行以下相关约束，即激励对象及其近亲属不得开展与公司相似的经营活动，不得在公司的客户或供应商企业享有权益。因为这可能涉及利益输送等问题，损害公司的权益。

一旦发现激励对象违反了相关约束条件，公司应取消其参与股权激励计划的资格。

第四，服务期约束。

一般来说，公司会要求激励对象至少再为公司服务若干年，在此期间不得离职，不得在外兼职，而且在职期间要完成公司设定的业绩指标。

如果激励对象在服务期离开，公司有权要求其支付违约金；如果激励对象没有实现预定的业绩指标，或做出有损公司的行为，公司有权取消未兑现的股权，或要求按原价回购已经兑现的股权。

另外，公司需要提前设置股权激励的管理、调整、修改、变更以及终止机制。在公司授予激励对象股权激励标的之后到行权日这段时间内，如果出现资本公积金转增资本、派送红利、股票缩股以及配股等情况，公司可以调整股权的数量、价格；公司发生控制权的变更、合并、分立等情况时，一旦涉及的股权发生变化，那么就需要对股权进行调整。

因此，在股权激励计划的设计过程中，公司必须设置有效的约束机制，力求达到激励与约束的平衡，这样才能让股权激励真正落地且达到激励员工的目的。

没有退出机制，激励失去约束力

在公司发展过程中，难免会遇到合伙人、核心管理人员的变动，尤其是持有公司一定比例股权的高级管理者退出团队的情形。一旦这些人退出，他们手中的股权就有可能演变成影响创始人控制公司、公司正常运营的不安定因素。因此，在股权激励计划实施中，我们需要提前制定好退出机制，包括退出的时间、退股的形式及回购的价格，等等。

退出，包括股权分期成熟时的退出与员工离职回购股权的退出。所谓股权成熟期，是指创始人或合伙人的股权在一定时间内到期，每年都有一部分成熟。如果企业制定完善的股权激励退出机制，对于激励对象来说，等到股权成熟期到期后再退出，那么就可以获得高额收益。即便中途因为离职而退出，因为部分股权已经成熟，也可以获得丰厚的激励利益。如果没有退出机制，那么激励对象与公司之间可能产生股权纠纷——激励对象如果想带走股权或出售全部股权，以获得高额收益，而创始人、公司则想要以极低的价格回收股权，甚至让激励对象无偿交出股权，导致激励对象利益受损。这样一来，股权激励难免沦为鸡肋，对于激励对象的吸引力也大打折扣，更难以实现预期目的与效果。

员工离职回购股权也应有相应的退出机制，如果没有退出机制，当员工离职时，因为缺少约束和限制，公司便无法回收股权。另外，员工认为即便自己离职了，也可以带走股权，得到收益，那么离职就更随意了，甚至一边领取原公司的收益，一边自己创业或加入其他公司，进而给原公司造成不小损失。因此，有了退出机制的约束，以上情形就可以避免，从而减少公司的风险。

对于创始人、公司与激励对象来说，制定完善的股权激励退出机制都是有利而无害的。尤其对于公司来说，可以避免合伙人、股东带走股权，或因为股权问题影响公司的正常经营。

来看下面两个案例：

A作为创始人创立某信息咨询公司，出资600万元，后因为业务发展需要，吸引技术、运营型核心人才B与C，并对其进行股权激励，公司股权变更为70%、15%、15%，并且办理了工商变更登记手续。

经过两年时间的发展，公司业务快速增长，业绩和利润也不断提升，但是B因为与A、C理念不合选择离职。A希望B能退股，自己以一定的溢价来回购其手中股份，然而，B却不同意退股，执意带走股份。因为在股权激励计划中并没有设置退出机制，也没有设置股权成熟机制。这样一来，A即便再不情愿，也无法挽回，造成公司与股东利益受到很大损害，公司也元气大伤。

某餐饮公司由创始人甲独自设立，之后独立经营和管理。经过三年时间，公司规模扩大、业务扩张迅速，便通过股权激励方式将公司员工乙和丙发展成为自然人股东，乙和丙分别出资20万元，获得公司12%股份。

之后，乙因为过错选择辞职，并且私下将手中股权出售给非公司股东丁。经与甲协商之后乙并不愿意收回股权。于是，双方因为股权纠纷闹上法庭，甲认为乙出售股权的行为是违反法律规定的，要求其履行法定程序，将其股权低价出售给甲或丙。很快，法院作出判决：支持甲的请求，判决乙与丁的交易无效。乙需履行法定程序，将股权出售给其他股东或公司。

为什么会这样判决呢？原因其实很简单，甲成立公司时，设置了股权成熟机制，而在股权激励方式中也设置了退出机制，两者具有这样的约定：公司股权不向公司以外的任何团体和个人出售、转让。持股人死亡或退休经董事会批准后方可继承、转让或由企业收购，持股人若辞职、调离或被辞退、解除劳动合同的，所持股份由企业以原价或低价收购；激励对象与公司的聘用合同未到期，未经公司同意辞职的，因过错辞职或被辞退的，无条件将已获股权出售给公司其他股东，或由其他股东回购。

两个案例，相同的情形，结局却不同。原因就在于第一个案例中的创始人并没有设置完善的退出机制，而第二个案例中的创始人设置了退出机制，并明确了股权回收的方式、价格等。

在退出机制中，为了确保股东利益，达到激励的目的，需要约定合理的股权回购方式。股东退出时，公司可以低价回购股份，也可以按照当时公司的估值进行回购，还可以按照公司估值的适当溢价来回购。为防止股东不愿意公司回购股权，也可以在协议中设定高额违约金条款，加大约束力度。

另外，我们需要注意的是，退出可以分为主动退出与被动退出，离职属于主动退出，而激励对象表现差强人意、业绩不达标、违反公司规定、退休等情形，属于被动退出。被动退出又可以分为无过错退出，包括因退休而离职，因疾病而丧失劳动能力；一般过错退出，包括业绩不达标、违反公司规定；重大过错退出，包括严重违反国家法律法规、从事违法行为并且受到刑事处罚，泄露公司商业秘密，违反公司规章制度并给公司的财产、声誉或其他员工造成损失、损害或伤害等。

如果激励对象是无过错退出，或一般过错退出，公司可以以原始出资价回购其未成熟的股权，立即或两年后回购已成熟的股权，一般回购价格会以保证本金加一定的收益的价格。但是，如果激励对象因为重大过错退出，那么公司可以以原价回购，或是以原价减去赔偿损失的价格来回购。

另外，在股权回购时，公司创始人必须承认股东的历史贡献，考虑退出价格的基数，按照一定溢价来回购，避免出现股东打拼多年却净身出户的情形，这不仅容易引起纠纷，也会"寒了其他股东的心"。

总的来说，在设计股权激励方案时一定要提前约定退出机制，重点关注股权是否能够回购、回购的期限、回购的价格，是否存在赔偿等问题，只有这样才能达到激励的效果。

第三章

股权设计：股权激励模式漫谈

群体不同，激励模式就不同

企业在不同阶段采取的股权激励方式是不同的，激励方式不同其激励效果自然也就不同。当然，每个企业的规模、运营模式以及股权架构也具有其自身特色，这决定了其适用的股权激励模式。

其实，企业在做股权激励之前都会初步选择适合自身实际情况的几种激励模式，然后再根据企业内外部环境条件以及所要激励的对象，确定采取哪一种模式。一般来说，我们需要详细考虑以下相关因素，包括企业性质，是上市公司还是非上市公司，是有限责任公司还是股份公司；激励对象是高级管理者、中层管理骨干或技术骨干等重要人员，还是销售人员、运营人员；公司未来发展潜力、激励成本、激励对象的人数、对现有股东的控制权的影响，以及未来资本运作需求等。

如果是上市公司，激励对象为高级管理者，并且公司有充足的现金储备与未来可预期的现金流，那么就可以选择业绩奖励型限制性股票激励模式，这种模式不会给公司带来较大的现金支付压力，同时可以最大限度地起到激励效果。如果公司财务状况不良，便不适合采取这种模式，否则每年提取奖励基金购买公司股票用来奖励激励对象时，便会因为现金的大量支出而加大公司的财务负担，甚至影响公司的正常运营。

那么问题来了，股权激励的模式有哪些，每种模式的利与弊又是什么呢？首先我们需要明确一点，上市公司和非上市公司的模式是有区别的，前者适用于股票期权、虚拟股票、股票增值权、业绩股票、员工持股计划、延期支付、管理层收购、限制性股票等激励模式，后者则适用于股权期权、限制性股权、业绩股权、股权增值权等激励模式。这意味着，相对于上市公司来说，非上市公司的选择范围比较狭窄，但并不意味着其效果就一定不如上市公司。

目前，国际上通行的激励模式主要有以下五种，如图3-1所示。

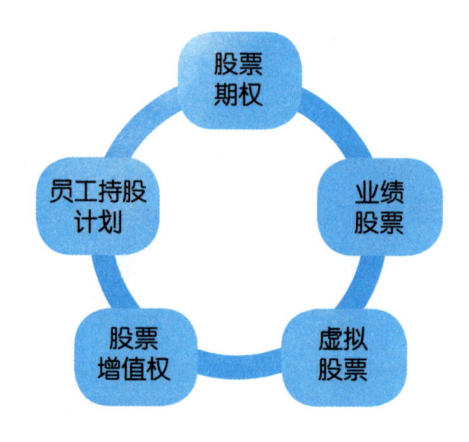

图 3-1　股权激励的五种模式

第一，股票期权。

股票期权是一种选择权，是指在未来条件成熟时，激励对象拥有购买公司一定数量股票的权利。一般情况下，激励对象为企业高级管理人员和核心技术骨干。只有行权条件成熟时，激励对象才有权购买公司股票，把股票期权变成实实在在的股权。

当然，激励对象有选择不购买（即不行权）的自由，如果他选择不购买，股票期权就作废了。而且股票期权具有时间和数量上的限制，要求激励对象自己行使权利，支付现金。

万科多次实施股权激励计划，尤其是2010年针对管理层的股票期权激励计划，成为我国上市公司股权激励的典型案例。

万科成立于1984年，不久开始多元化的尝试，逐步涉足出口、广告、饮料生产、股票投资等业务，到了1988年正式进军房地产行业。1991年，万科成功在深交所上市，两年以后开始调整企业战略，从多元化经营逐步转向集中化经营，不仅使企业把全部精力集中到房地产业务上，同时也实现了快速回笼现金，为后续发展奠定了坚实基础。

万科建立了完善的公司治理结构和组织架构，万科董事会有四名独立董事，公司最高管理层是总裁及集团总部的各个部门总经理，总部部门下划分出中层管理层级，还有各区域事业部，但这样的组织结构相对臃肿，公司运营效率、生产效率下降，阻碍了公司发展。

同时，由于政策影响，房地产企业的管理人员压力倍增，许多管理人员纷纷离职，管理团队不稳定、积极性不高。为了提高公司运营与生产效率，减少人才的流失，万科在2011年正式实施管理层股票期权激励计划，只要管理人员符合授予条件，企业就会给予对应的股票期权，其中激励计划规定2012年顺利进入首个可行权期，有效期为五年。但是，全部授予的股票期权从授权之日起至满一年都处于等待期。在之后的每个可行权期内，依据管理人员是否符合行权条件决定是否给予其行权的权利。在整个股票期权的行权期内，管理人员自行选择是否实施行权，如果选择不行权，股票期权将在行权期满后立即作废。

这次股票期权激励计划中，股票来源是定向增发的形式，共计给予管理人员1.1亿份股票期权，占企业总股本的1.0004%。激励对象人数共计838人，包括在企业总部或下属公司工作并领取报酬的董事、高级管理人员以及业务骨干等。

这次股票期权激励计划采用的是资产收益率与净利润增长率作为主要考核指标，以归属于企业股东的净资产计算净资产收益率，以净利润计算净利润增长率。在接下来的三个激励考核期内，万科圆满地完成了考核指标，最终达成了三个行权期的行权条件，第一批激励对象可执行行权操作的股票期权3849.58万份，第二批激励对象可执行行权操作的股票期权2682.015万份，第三批激励对象可执行行权操作的股票期权2345.295万份。

因为这次激励方案设定了更严格的行权条件，所以实施效果比较理想，万科实现了较好的业绩增长，2011~2013年实现了业绩持续增长，净利润率增长率超过了激励方案中所要求的水平。然而，万科留住人才、保持企业管理层结构稳定的目标并没有实现，激励计划实施不久，就有高层管理人员离开了企业，其中包括四名执行副总裁。这与房地产行业泡沫有关，同时也与考核指标压力大有关。

股票期权这种激励模式有不少优点，可以留住业绩好、能力强的核心人才，具有长期激励效果。但是如果激励对象的收益难以在短期内兑现，那么就会导致人员流失；如果激励对象成为拥有自主投票权的正式股东，不想继续在公司做下去，那么就会造成企业内部矛盾不断。

第二，业绩股票。

业绩股票往往是指企业在年初设定一个合理业绩目标，激励对象完成业绩指标后，公司就授予其一定数量的股票或提取一定的奖励来购买公司股份。

一般来说，企业给予激励对象的是普通股，其激励是长期性的，有利于激发高级管理层提高绩效，完成企业预期的业绩目标。但是这种模式的约束性比较大，业绩股票的流通变现存在时间、数量上的限制，同时一旦激励对象完不成绩效，或者发生有损公司利益、非正常调离等行为，就会受到处罚或者取消激励。

20世纪90年代初，我国上市公司普遍采取业绩股票的激励模式。

某从事计算机应用服务的企业于1999年实施股权激励计划，从每年的税后利润中提取8%作为激励基金，激励对象包括公司的技术、业务、管理等方面的骨干人员。如果员工在1999年度和2000年度实现业绩目标便可以获得相应的激励基金购买业绩股票，这大大激发了员工的积极性，提高了公司整体业绩。

第三，虚拟股票。

虚拟股票是公司给予激励对象的股票收益权，持有虚拟股票，激励对象可以享受分红权和股价升值收益。虚拟股票把股份的所有权与收益权分离，激励对象只享受收益权，并不具有所有权，同时也不能转让和出售其权利。

激励对象一旦离开，虚拟股票自动失效。对于激励对象来说，这只能起到短期激励作用，并不能起到长期激励作用。

第四，股票增值权。

股票增值权是公司授予激励对象的、在特定期限内通过行权获得相应数量股权升值收益的权利。激励对象不需要支付任何现金，行权后就可以获得现金或等值的公司股票。如果股价上升，激励对象可以通过行权来获得股票升值的收益。但是，当公司股价下降时，激励对象也需要承担相应的损失。

对于激励对象来说，没有股票的所有权、表决权和配股权，只有相应的收益权。对于企业来说，因为股价的波动与激励对象的绩效关系不大，所以其激励效果并不明显，容易滋生员工的"搭便车"行为。

第五，员工持股计划。

员工持股计划是指企业内部员工个人出资购买公司部分或全部股份，委托工会、员工持股会来运作，并且由其代表员工进入股东大会参与表决与分红。这样员工成为企业主人，把员工与公司利益捆绑在一起，最大限度调动员工自觉性和积极性，增强企业凝聚力和竞争力。

华为便采取了这种新型股权模式，让员工更关注企业发展，与公司共担风险、共享收益。

总之，股权激励的模式多种多样，除了上述介绍的五种模式之外，还包括限制性股票、延期支付、员工收购等模式。公司性质不同、发展阶段不同，针对的群体不同，适用的激励模式就有所不同。同时，在模式选择时还可以根据需要进行组合。我们在选择时千万不要盲目，看到别人采取哪种模式就随便模仿，也不能混淆不同模式的含义，做出错误的选择，否则不仅无法达到预期效果，还可能导致不必要损失、影响公司正常运营。

企业发展阶段不同，激励模式自然不同

由于企业发展阶段不同，规模大小、财务状况以及选择的战略规划等都存在诸多差异，股权激励模式以及激励对象的选择都有很大差别。选择了正确的股权激励模式，对于企业发展来说，可谓锦上添花。反之，如果选择了错误的股权激励模式，不仅激励效果会大打折扣，甚至

阻碍企业正常运营。

前文讲述，企业的发展可以分为初创期、成长期、成熟期、衰退期四个阶段，我们可以按照其实际情况来选择激励模式与激励对象，如图3-2所示。

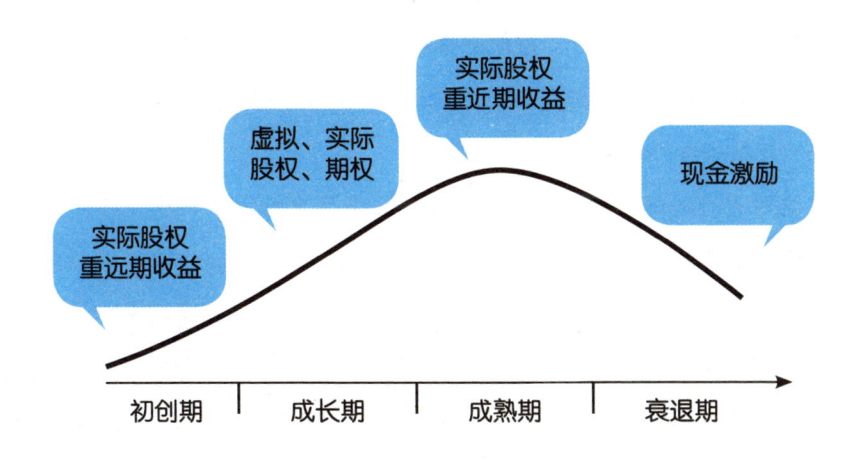

图 3-2　企业不同阶段的激励模式选择

第一，企业初创期的激励模式。

企业初创期，主要目标是生存下去，在市场上站住脚，吸引人才，节约成本。这个时期，我们需要吸引更多核心人才进入企业，同时稳定内部优秀人才，完善公司治理结构，不断提升公司业绩与规模。

在这个阶段，企业可以采取虚拟股票、限制性股票、员工持股计划等激励模式，激励对象范围确定为高层管理人员、核心技术人员、核心业务人员等。可以利用干股的方式吸引合伙人，用技术参股的方式吸引核心技术人员，让其享受利润分红。

下面以华为为例，进行简单阐述。

1990年，华为成立三年后就开始实施内部股权计划。彼时华为处于初创时期，一方面因为市场拓展和规模扩大需要大量资金，一方面因为应对竞争需要大量科研投入，出现了融资困难的问题。

在这种情况下，任正非第一次提出内部融资——员工持股计划，以公司税后利润的15%作为股权分红，每股价格为10元，员工进入公司一年后，只要职位、季度绩效、任职资格等符合标准就可以参加认购，而员工的资金来源则为年度奖金。如果员工的年度奖金不够派发的股票金额，公司还为其提供银行贷款担保。

这种内部融资方式，一方面解决了企业资金短缺、现金流不足的问题，降低了企业的财务风险，另一方面可以激发员工努力工作，更增加了员工的凝聚力与归属感，稳定了内部团队。在这次股权激励之后，华为完成了预期战略任务，1995年销售收入达到15亿元，1998年把市场扩展到国内主要城市，实现了快速发展与扩张，之后积极扩张海外市场，2000年海外市场销售额已经达到1亿美元。

第二，企业成长期的激励模式。

这一时期，企业发展有些规模，业绩得到快速提升，并将迎来快速发展，因此需要设置一些职能部门，完善企业内部管理。同时，公司内部各部门可能出现权责不分明、互相推诿扯皮等现象，员工的积极性也有所下降。在这种情况下，我们可以采用业绩股票、员工持股计划、期权激励等激励模式。激励对象的范围包括高级管理人员、核心技术骨干、核心业务人才等。

同时，这个时期企业面临着极大的市场竞争压力，也可能遇到一些环境因素、市场因素的影响，会让企业运营遭遇一些阻碍与困境，所以企业必须要集中资源去发展，吸纳与留住优秀人才，包括优秀的高级管理者人才、核心的技术人才以及市场人才。

华为进行股权激励后，业务得到了迅速发展。但是到了2000年，由于网络经济泡沫的破灭，华为业务也遭受重创。为了度过这个"冬天"，任正非开始实施"虚拟受限股"的期权改革，维持了管理层对于企业的控制能力。

同时，华为还实施了一些新的股权激励政策：新员工不再派发长期不变一元一股的股票；老员工的股票也逐渐转化为期股；以后员工从期权中获得的收益大头不再是固定的分红，而是期股所对应的公司净资产的增值部分。根据公司制定的评价体系，员工可以获得一定份额的期权，行使期限为四年，每年兑现1/4。

在这个时期，华为股权激励机制从员工普惠模式转变为重点激励高级管理人员、核心技术骨干、核心业务人才等，可以让关键人才与公司形成利益共同体，促进公司激励机制和管理机制不断完善，进而不断提升其运营效率与整体业绩。

第三，企业成熟期的激励模式。

这一时期，企业业绩稳定，客户群稳定，具有一定的品牌优势与行业地位。但是随着时代的发展、竞争对手的不断出现，企业的市场份额不断被积压，出现市场增长缓慢、生产能力过剩的现象。因此，企业可以采取业绩股票、期权、股票增值权、延期支付等激励模式，激励对象是骨干人员，同时还要广泛吸引新的技术人员，激发团队的创新创造的积极性。

三毛派神是一家生产销售纺织品的企业。2001年1月，三毛派神决定建立长期激励机制，实行股票增值权激励方案，激励对象为公司董事、高级管理者人员、技术骨干等。

激励计划中，公司授予激励对象一定数量的股票增值权，每一股增值权的价值等于年底和年初公司每股净资产的差值。公司净资产增值为评定指标，股权从股票增值基金中发放。激励对象分四步对其增值权行权，第一年兑现20%，第二年、第三年各兑现30%，剩余20%作为风险抵押金，可以在离职时兑现。

这个方案不仅有利于提升员工积极性，进一步提高公司业绩，还解决了股权激励的股票来源问题，避免加大公司成本负担。

第四，企业衰退期的激励模式。

当企业进入衰退期后，其经营状况、管理状况都不容乐观，销售收入严重下降，生产能力严重过剩，同时人员流失情况也比较严重，所以我们必须想办法留住核心人员，保证核心团队的稳定性。

因此，我们最好采取岗位分红权的模式，这种模式具有明显优势，即员工不需要出资，只要在特定岗位任职即可。它可以是实股，也可以是虚拟股份，能给予员工真真正正的利益，所以也能吸引员工留下来。

但是，企业必须针对岗位分红权设定实施条件和业绩考核办法，明确扣减、暂缓、停止分红激励或退还股权的情形及具体办法，让员工得到红利的同时也承担起责任，这样才能起到有效的激励作用。

限制性股票，你真的搞懂了吗？

限制性股票是上市公司所采取的主要股权激励模式之一，它的重点在"限制性"三个字，即公司授予激励对象的股票是有限制的，只有达到业绩考核要求才能解除这种限制。

采取限制性股票时，我们需要关注几个时间点，即授予日、限售期、解除限售日以及解除限售期。激励对象获授的限制性股票一般设计成分期解除限售，每期解除限售设置一定的期限，即解除限售期，一般为12个月；每期解除限售期的起始时间为解除限售日。在每个解除限售期，只有达到业绩考核要求后才能解除限售，否则不能解除限售。

某企业2016年10月实施了限制性股票激励计划，股票来源于公司向激励对象定向发行公司A股普通股，激励对象包括在公司（含分公司及控股子公司）任职的董事、高级管理人员、中层管理人员、核心技术（业务）人员，共计63人。同时，激励计划对限制性股票限售期进行如下安排：有效期自限制性股票授予之日起至激励对象获授的限制性股票全部解除限售或回购注销之日止，最长不超过48个月；限售期为自相应授予日起的12个月，限售期内激励对象不得转让股票、用于担保或偿还债务，不得在二级市场出售或以其他方式转让。

第一个解除限售期为首次授予日起12个月后的首个交易日起至首次授予日起24个月内的最后一个交易日当日止，解除限售比例为40%；第二个解除限售期为首次授予日起24个月后的首个交易日起至首次授予日起36个月内的最后一个交易日当日止，解除限售比例为30%；第三个解除限售期为首次授予日起36个月后的首个交易日起至首次授予日起48个月内的最后一个交易日当日止,解除限售比例为30%。

公司业绩考核要求是,以2015年净利润为基数,2016年净利润增长率不低于30%,解除第一次限售;以2015年净利润均值为基数,2017年净利润增长率不低于70%,解除第二次限售;以2015年净利润均值为基数,2018年净利润增长率不低于110%,解除第三次限售。同时,公司针对激励对象也制定了绩效考核要求,只有上年度绩效考核满足条件,才能部分或全额解锁当期限制性股票,未能解除限售部分由公司回购注销。

可以看出,在每个解除限售期,如果激励对象不能解除限售,那么股票来源于原股东转让的,由原股东收回;股票来源于公司增发的,则由公司回购注销。限制性股票属于实股,需要激励对象出资购买,所以激励对象具有所有权、分红权、增值权。

限制性股票与股票期权是有一定区别的,主要体现在以下三个方面,如图3-3所示。

第一,授予价格不同。

限制性股票的授予价格不得低于股票票面金额,一般为股权激励计划草案公布前1个交易日的公司股票交易均价的50%,或者股权激励计划草案公布前20个交易日、60个交易日或者120个交易日的公司股票交易均价之一的50%。

股票期权的行权价格不得低于股票票面金额,一般为股权激励计划草案公布前1个交易日的公司股票交易均价,或者股权激励计划草案公布前20个交易日、60个交易日或者120个交易日的公司股票均价之一。

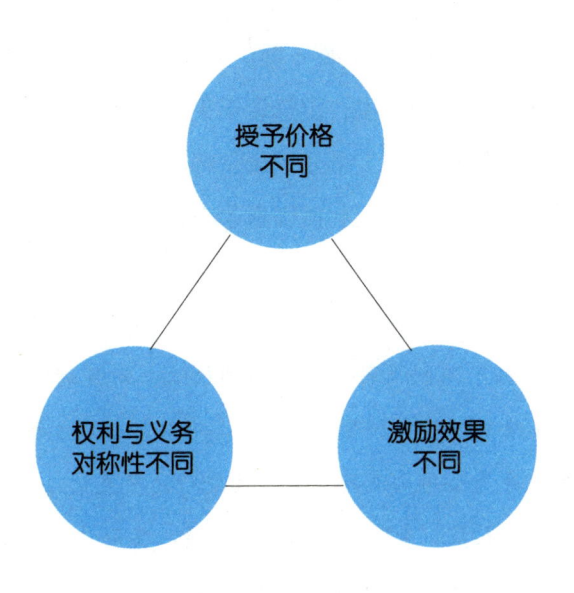

图 3-3 限制性股票与股票期权的区别

第二，激励效果不同。

对于限制性股票的激励对象来说，只有在业绩目标符合股权激励计划规定条件时，才能出售股票并从中获益。这可能促使激励对象业绩造假，或者为了实现业绩目标而产生短期经营行为。

对于股票期权的激励对象来说，其收益是与公司长期业绩挂钩的，不是短期业绩决定的，所以有利于激励对象更多关注公司长期持续发展，努力提升企业品牌形象和综合竞争力。

简单来说，限制性股票有利于短期激励，而股票期权更有利于长期激励。

第三，权利与义务对称性不同。

对于限制性股票来说，权利与义务、激励与惩罚是并存的，可以把激励对象与公司捆绑得更紧，约束其行为，刺激其努力完成业绩目标。

对于股票期权来说，其约束性比较低，如果未来公司股价偏低，激励对象可以选择不行权，其捆绑性不强。

因此，对于上市公司来说，更热衷于采用限制性股票的模式来进行股权激励。当然，一些大型上市公司通常将两者结合起来，扬长避短，如此一来就可以把员工与公司利益联系起来，不仅提升了约束力，更加强了激励力度。

用友软件采取了限制性股票和股票期权结合的激励模式。2013年，用友软件实施了限制性股票和股票期权结合的股权激励方案，其中，限制性股票的股票来源为公司向激励对象定向发行的用友软件A股股票，激励对象包括高级管理人员、专家、中层管理人员、其他骨干人员等，数量为1438.87万股，占当时公司总股本的1.5%。其中首次授予1296.83万股，占1.35%；预留142.04万股，占0.15%。

本次股权激励中，首次授予限制性股票的授予价格为6.76元，激励对象满足授予条件后可以购买公司限制性股票。有效期为五年，解锁期在首次授予日起满12个月后的未来36个月内分三期解锁，分别解锁60%、20%、20%。

锁定期内，激励对象取得的红股、资本公积转增股份、配股股份、增发中向原股东配售的股份同时锁定，不得在二级市场出售或以其他方式转让。

关于股票期权的激励方案，用友软件拟向激励对象授予1438.8694万份股票期权，股票种类为人民币A股普通股，数量占公司总股本的1.5%，其中首次授予1296.8250万份，占总股本的1.352%；预留142.0444万份，占总股本的0.148%。满足行权条件时，激励对象可以在行权有效期的可行权日以行权价格购买公司A股股票。同时，预留部分的股票期权将首次授予日起一年内按照规定授予。

综上所述，用友软件在这次激励计划中共授予员工3%的公司A股普通股，授予股票权益总计2877.7387万份。通过本次股权激励，用友软件不仅充分调动了员工的积极性，有效地将员工利益、股东利益与公司利益结合在一起，同时还完成了公司法人治理结构的优化，进而促进了公司的长远发展。

延期支付计划——减少经营者的短期行为

延期支付，顾名思义就是公司将管理层的部分薪酬，尤其是年度奖金、股权激励收入等按当日公司股票市场价格折算成股票数量，存入公司为其单独设立的延期支付账户，等到既定的期限已满或者管理层退休后，再以公司股票的形式或者现金方式（按照期满时的股票市场价格折合成现金）支付给激励对象。

我们来看看下面这个例子。

员工A对企业来说很重要，并且为企业作出了重大贡献。企业打算分给A一块"蛋糕"，但并不是立即给他，而是将这块"蛋糕"分成三块，存入单独为他安排的"冰箱"里。第一块是基本工资，只要A正常出勤，完成自己的工作，就可以得到；第二块是奖金，需要A做出业绩，业绩达标才能得到；第三块是股权激励收入，也是风险收入，需要A完成企业的业绩目标才能得到，而且这一部分"蛋糕"也不是当时就能获得，需要一定期限后或是A离职后才能得到。

事实上，这相当于管理层直接出资购买公司股票，只是资金来源是其年度奖金。因为激励对象出资了，且延期得到收益，所以在既定期限内若是公司股票的价格上升，那么激励对象的收益也有所增加；相反，若是公司股票的价格下跌，那么激励对象也会利益受损。这意味着，激励对象的利益与公司的业绩、股市价值、运营状况等是紧密相关的，刺激管理者更多地关注公司的业绩、财务与运营，为了确保自己利益不受损失而加倍努力工作，追求公司利润的最大化。

同时，管理者在参与公司决策时，往往会避免出现短期行为，着眼于企业的长期持续发展。比如，进行投资时，不再追求眼前利益，而是考虑公司长远利益；提升自己的经营管理能力，避免决策失误；不急功近利，避免因急于提升企业短期业绩做出涸泽而渔的短期行为。

上海宝信软件进行股权激励时采取了延期支付计划，即按照当年业绩表现核算一定的股权累积金，针对公司的核心骨干人员实施激励。延期时限为三年。

在激励计划中，公司业绩的目标下限为剔除非经常性因素的影响后净资产收益率达到10%，股权累积金比例的上限为当年利润的10%。可以看出，这次激励计划的激励额度比较大，激励范围也比较广，以2001年为例，股权累积金金额达到380万元，激励对象为公司骨干人员，共计150人。而资金来源为公司的营运成本。

三木集团在股权激励计划中也采取了延期支付方案，对完成考核指标的管理层进行"效益薪金"奖励，对其奖励金进行一定时间的冻结，延期期限为任职期限。以公司总裁为例，除了拿年薪，还根据上一年度的"综合业绩"来确定"效益薪金"奖励，然后将70%的效益薪金用于购买公司股票。公司的高级管理人员和下属公司经理人员则按照公司净利润5%提取效益薪金，然后将70%用于购买本公司股票。针对有经营管理能力但资金不足的经营者，公司先给予10%的干股，之后逐步将干股转化为实股。

这一措施，对于激励对象能起到很好的激励作用，同时也解决了其资金不足的问题，并且达到了减税的目的。但是，对于激励对象来说，需要承担一定的风险。因为股票二级市场是有风险的，一旦公司股票行情不好，又不能及时兑现，便只能遭受损失。

与此同时，我们需要明确一点，即当管理者完成延迟支付的业绩目标后，便可以得到延迟支付奖金。但是，并不是在当年兑现，而是在未来约定的期限内兑现。这个期限一般为三年。

王林是一家上市公司的高级管理人员，是本次延期支付计划的激励对象。该公司采取的薪酬模式为"年薪+年终奖+风险收入"，公司按照制定的年度业绩指标、风险收入业绩指标和绩效考核指标对激励对象进行考核。

首先，年薪按月发放，每月5万元；激励对象完成公司的年度业绩指标后，一次性发放40万元年终奖。同时，如果激励对象完成了公司设定的风险收入业绩指标的70%，就可以按照相应比例获得风险收入。如果没有完成，则没有风险收入，还需要扣除当年的奖励股票。

假设王林完成当年风险收入业绩指标的80%，可以获得100万元，那么其中10%以现金发放，70%用于购买本公司股票。风险收入（股票与现金）延期支付期限为3年，那么第一年支付20%，第二年支付30%，第三年支付50%。如果第二年业绩考核不合格，A 就被取消了当年的延迟支付奖金，但是不影响第一年、第三年的奖金支付。

实施延期支付计划的激励模式时，公司一定要提前做好法律风险的预防，明确离职是否能获得奖金、未到递延奖金兑现时间离开公司丧失奖金领取资格等问题，避免公司产生经济损失。

股权激励模式可单一，也可组合

每个企业都有适合自己的股权激励模式，不同模式的激励效果也有很大区别。同时，因为一些规模大、发展成熟的企业其经营状况、财务状况、股权架构非常复杂，采取单一的股权激励模式并不能起到很好的激励作用，于是往往会根据自身需求采用两种，甚至多种组合的模式。一些上市公司往往采取期权与限制性股票组合的模式，或者期权、期股与员工持股计划多种组合的模式。

以美的为例。

美的便采取了股票期权、全球合伙人、限制性股票、事业合伙人的多种组合的激励模式。

2007年，美的开始对七名核心高级管理者实施直接持股计划，授予方洪波等七名高级管理者共计15%的公司股份。

2013年9月，美的通过换股吸收合并方式在深圳证券交易所上市，之后开始做股权激励。从2013年到2018年年底，实施了五期股票期权激励计划、四期全球合伙人持股计划、两期限制性股票激励计划和一期事业合伙人持股计划。

2014年1月，美的针对两位高级管理者以及693位中层领导推出了期权奖励计划，拟授予的股票期权数量为4060.2万份，对应的标的股票数量为4060.2万股，占美的总股本的2.41%。2015年3月，美的实施第一期全球合伙人持股计划，通过二级市场购买的方式购买美的股票共计6483759股，购买均价为每股34.85元，购股资金为美的集团计提的专项基金1.15亿元及融资借款的自筹资金1.15亿元，确定持有人对应的标的股票额度为294.3万股。4月，美的实施第二期股票期权激励计划，拟授予的股票期权数量为8430万份，对应的标的股票数量为8430万股，占美的总股本的2%，有效期为5年。

2016年3月，美的实施第二期全球合伙人持股计划，持有人对应的标的股票额度为387.459万股，占美的总股本的0.0552%。5月，美的实施第三期股票期权激励计划，拟授予的股票期权数量为12753万份，对应的标的股票数量为12753万股，占美的总股本的1.98%。

2017年3月，美的继续实施第三期全球合伙人持股计划、第四期股票期权激励计划以及第一期限制性股票激励计划，其中全球合伙人持股计划，持有人对应的标的股票额度为284.6445万股，占总股本比例为0.0407%；股票期权激励计划拟授予的股票期权数量为9898.20万份，对应的标的股票数量为9898.20万股，占美的美的总股本的1.53%；限制性股票激励计划的激励对象，包括总部、事业部高层管理人员及核心骨干人员，授予的限制性股票在锁定期的三个会计年度（2017年—2019年）中，分年度分批次进行绩效考核并解锁。

2018年3月，美的实施第四期全球合伙人持股计划、第五期股票期权激励计划、第二期限制性股票激励计划以及第一期事业合伙人激励计划，其中第一期事业合伙人激励计划中，激励对象包括对公司整体业绩和中长期发展具有重要作用的核心管理人员，共50人，即除全球合伙人外的副总裁2人，还有经营单位总经理和其他高级管理者共48人。激励资金总额为9785万元，约占公司2017年度合并报表净利润的0.53%。

由此可以看出，美的的股权激励模式是非常丰富的，符合企业自身经营特色，针对不同岗位的员工都进行了激励。其主要特色与优势体现在以下四个方面，如图3-4所示。

第一，针对高级管理者级别的合伙人，推行全球合伙人、事业合伙人激励计划

第二，针对核心骨干，美的实施了股票期权计划，且持续开展了多期

第三，针对中层管理者，实施限制性股票激励计划

第四，限制性股票是美的丰富的激励模式的补充

图3-4 美的股权激励模式的主要特色

第一，针对高级管理者级别的合伙人，推行全球合伙人、事业合伙人激励计划。

推行合伙人制之前，美的核心管理层的薪酬收入基本由年薪与业绩提成组成，薪酬结构比较单一，造成团队不稳定、人才流失。

选择合伙人持股计划之后，核心管理层持有公司业绩股票，这部分股票是从二级交易市场上购买的，资金来源为企业利润中提出的一部分。通过这样的方式，把企业利益与高级管理人员的利益捆绑在一起，他们想要获取更多的公司股票，就必须提升公司业绩。同时，长期的股

权激励计划不仅有利于保持核心高级管理者的稳定性，减少人才的流失，还有利于二级市场上股票价格的稳定。

第二，针对核心骨干，美的实施了股票期权计划，且持续开展了多期。

这种激励模式的激励对象主要为公司负责研发、制造相关的科技人员以及中基层人员，同时与企业的战略计划相结合，最大限度地激发了员工的积极性、主观能动性，进而促进了公司高速发展以及净利润的提升。

第三，针对中层管理者，实施限制性股票激励计划。

美的通过发行新股的方式把股票授予员工，员工可以以市场价格的一半来获得相应股份，这种模式具有非常强的激励力度与激励效果。

而且，美的规定股票的资金来源为员工自筹，员工出资后与企业的捆绑性得到了加强，更愿意为企业创造更大价值，并与企业一起承担风险。

第四，限制性股票是美的丰富的激励模式的补充。

限制性股票弥补了股票期权激励计划与合伙人持股计划的不足，让美的的股权激励计划更全面、更完善，发挥最大的激励作用。

可以说，美的股权激励计划是全方面的、长期性的，针对企业不同发展时期，采取了不同的激励方式，同时根据激励对象的贡献大小，给予的激励力度也不同。除了针对内部员工进行激励，对于外部人才也增强了吸引力，搭建了长期与短期激励相结合、激励与约束相统一的激励体系。正因为如此，美的保持着业绩高增长，即使面临着市场激烈竞争，依旧能发展成为行业企业。尤其是上市以来，净利润增速明显高于销售规模的增速，企业实现了高质量增长。

因此，我们需要借鉴美的的成功经验，根据自身企业的背景以及公司战略调整，来推行科学、合理的激励计划，根据企业的不同发展阶段来调整相应的激励政策，选择合适的激励对象与激励模式。同时，激励模式最好不要太单一，而是应该搭建多层次的、全方位的期权激励体系。当然，采取哪种组合模式，需要根据企业自身的背景与需求来确定。

让利不让权——股权激励的原则

不管对于上市公司还是非上市公司来说，股权都是最稀缺的资源。公司创始人应该把股权抓在自己手里，在进行股权激励时尽量避免让股权越来越分散。如果不能掌握绝对控制权，至少要掌握相对控制权。

想要实现这一目的，我们在进行股权激励时需要把握让利不让权的原则，这里的利，是指分红权、股份增值权，给予激励对象一定的红利；权，是指股份的所有权、表决权等。如果采用虚拟股票来激励员工，激励对象可以享受一定数量的分红，但是没有所有权和表决权，不能转让与出售股票。一旦离开公司，虚拟股票就失效了。

如果创始人在进行股权激励时，没有把握好这个原则，或者没有理清不同股权的属性，给予激励对象错误的股权，那么很可能引起不必要的麻烦，或者引起股权的纠纷，或者影响企业的正常运营及发展。

李某创立了一家信息咨询公司，起步时间较短，急需稳定创业团队，同时还需要引入核心技术型和管理型人才。于是创始人李某效仿其他企业推行了股权激励，把在职的总经理、财务总监以及新加入的技术总监、营销总监纳入股权激励体系。

激励方案规定，公司完成当年设定的年度业绩目标，各高级管理人员完成个人绩效目标，便可以参加股权激励。而创始人拿出公司总股本的20%作为激励标的，这大大地刺激了员工的积极性与创造性，企业不仅完成了当年的业绩目标，还超额完成了5%的任务量。

李某非常高兴，痛快地兑现承诺，授予这些激励对象相应的股份。然而，制定激励计划时，李某不是采用虚股的形式，而是采用了注册股份的形式。因此，这些激励对象一跃成为该企业的注册股东，不仅拥有股份的分红权与所有权，还拥有了一定的决策权与表决权。

一开始，大家理念相同、目标相同，所以没有出现大的问题。然而，两年后，营销总监与技术总监因为理念不同，与创始人发生冲突，创始人希望稳扎稳打，着眼于本地市场，而他们两人则倾向于快速向外地市场扩张，着力于抢占市场份额。在进行股东会议时，双方争执不断，虽然李某具有绝对控制权，对于重大事项、重大决策有决定权，但是团队内部陷入内耗，人心惶惶。

同时，营销总监还以股东身份，干涉企业内部其他部门的工作，时常要求财务部门提供全公司的财务报表给他，甚至开始干涉其他部门的业务决策，给企业运营带来了不利影响。

由此可见，因为创始人选择了错误的激励模式，给予了错误的股权，导致企业陷入了被动局面，股权激励也没能达到预期效果，可以说是得不偿失。如果李某只是给予管理层分红权、增值权，那么结果可能就大不一样了。

有一些企业在实施股权激励时，就采取干股的形式，给技术人员、提供资源的人员一定比例的干股，不需要出资就可以享受相应的分红权。这在一定程度上吸引了优秀员工，也保住了创始人的"实股"。因为在这种机制下，员工所享受的干股是建立在劳动关系的基础上，并且只享受分红权。一旦离职，则自动取消。

与此同时，期权激励的方式也遵循了让利不让权的原则，激励对象拥有分红权、增值权，而对于公司来说，分红权和增值权并不影响公司的股权架构，原有股东的投票权等股权权益也没有受到影响。可以说，员工获得的是一种权利，而不是直接获得股份或股票，更不会涉及控制权的问题。因此，一般来说，上市公司选择股票期权的方式，非上市公司则选择股权期权的方式。

我们还可以采取设立持股平台的方式，将员工的股权都归集到持股平台管理。在这种情况下，员工拥有完全的分红权、增值权，但表决权则归属于公司或公司指定的机构。事实上，大多数实施股权激励的公司都设立了持股平台，华为就采用了这种方式。

当然，因为不是实股激励，虚拟股票、干股、期权激励以及持股平台等方式的激励力度相对来说都比较小，对于激励对象来说，吸引力也不如实股激励大。同时，激励对象还可能面临一些风险，一旦企业出现经营问题，其权益就会受到损害。

某企业在2015年推出全员股权激励计划，创始人拿出原始总股本的50%作为股权激励的总量授予员工，且不需要出资购买，并设立持股平台。股权激励计划规定员工持股行权分四年完成，比例分别为20%、20%、30%、30%。如果员工选择离职，那么按照已发放部分的75%给予保留。这对于员工具有非常强的激励作用，所有员工都激情满满，对于公司未来发展充满信心。当企业股票一路飘红时，员工们更是充满了憧憬。

然而，很快企业股价受到重创，公司从2017年开始从盈利转为亏损，同时还面临着资金链断裂的危机。2017年年底，创始人宣布推行的全员持股计划"作废"，因为企业的股份被持股平台持有，员工并不直接持有，所以员工手中的股权全部被"清零"。这意味着员工的期待落空了，而且之前的辛苦也白费了。

最后，如我们之前所说，创始人可以采用同股不同权的模式，即实施AB股双层股权结构，也可以做到让利不让权，最大限度地保证创始人以及原有股东的控制权以及权益不受侵害。

第四章

估值为王：股权激励的重中之重

影响公司股权定价的核心——估值

在股权激励过程中，股权的定价是非常关键的。定价的高低，关系到股权激励是否能真正地落地，是否能起到好的激励作用。定价太高，激励对象没有能力购买，那么吸引力就会大大降低；相反，定价太低，确实能让激励对象更愿意购买，但是无疑增加了公司股权激励成本，给企业带来不小的负担。

影响公司股权定价的核心是公司的估值，换句话说，对企业股权进行估值，是进行股权激励的基本依据。就好像你知道了某件物品是珍贵的、有价值的，才更珍惜它，才会加倍努力提升自己，争取得到它一样。只有认真、科学地估算公司的价值，核算股权的价值，在实施股权激励后，员工才能明确自己得到了多少利益，而不是拿到股权后，却认为它"根本不值钱"，反而还想要获得更多权利，甚至依旧消极、不主动。

一般来说，公司股权的估值方式有以下五种，如图4-1所示。

第一，以注册资本金为参照。

当公司的注册资本金等于或者略小于净资产时，可以选择以注册资本为基准确定公司的基础估值，从而确定股权激励授予的价格。如果公司注册资本金略小于净资产，股价的确定可以同时兼顾激励对象与原有股东的利益，不仅提升了激励对象的积极性，也保证了原有股权的权益，进而促使股权激励的顺利实施。

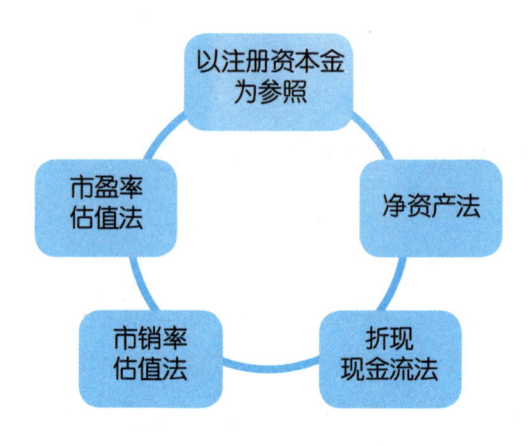

图 4-1 企业股权的估值方式

第二，净资产法。

净资产法，指的是假设有一位谨慎的合作者，不会支付超过与目标公司同样的资产的收购成本，首先对公司的每项资产进行评估，得出每项资产的公允市场价值，然后将各类资产的价值相加得出公司的总资产价值，再减去各类负债的公允的市场价值总和。

对于企业来说，这就是公司股权的公允市场价值。数据是最真实的，但是并没有考虑到企业未来预测经济收益的价值，所以对于公司估值是最低的，不利于企业进行股权激励。

利用净资产可以得出市净率，即市净率=每股价格÷每股净资产，每股价格=每股净资产×市净率。也就是说，企业的股权价值等于股东权益账面价值乘以市净率。

公司上市前往往采用净资产法来估值，给股票定价。

明星电缆上市前的股权激励计划就是按照净资产价值定价，且不附加任何条件。

第三，折现现金流法。

这种方法是以净利润为参照，对企业未来的现金流以及风险进行预期，选择合理的折现率，然后将企业未来可自由支配的现金流折现值的总和定义为企业价值。

这种方式又被称之为获利还原法，被普遍认为是最有成效的企业估值定价方法，即把企业整个寿命周期内的现金流量以货币的时间价值为贴现率，计算出公司净现值，然后再按照一定的折扣比例来计算股票价格。

利用这种方式来为企业股权估值，不仅要科学地预测企业未来存续期各年度的现金流量，同时需要找到一个合理的公允折现率。折现率的大小，是由取得的未来现金流量的风险来决定的，风险越大，折现率越高；风险越小，折现率越低。

所以，进行估值时，我们需要正确选择各项参数，避免造成现金流预测、贴现率选择的偏差。只有市场完善，企业的会计制度健全、信息披露能够真实地反映企业的过去和现状时，那么就可以相对精确地对企业进行估值。

利用现金流可以得出市现率，即市现率=每股价格÷每股现金流量，每股价格=每股现金流量×市现率。在进行估值时，我们必须要关注税后净利润、所得税、利息费用、折旧和摊销等指标，否则将出现较大误差。

第四，市销率估值法。

这种方式是以销售额为参照，按照企业连续超过三年的平均销售额来对企业进行估值。对于员工来说，这样的估值比较透明并且合理。

这里涉及一个概念，市销率，即市销率=每股价格÷每股销售收入，企业的股权价值=销售收入×市销率。一般来说，企业的市销率越小，股权价值越高。但是市销率不会出现负值，即使企业亏损或资不抵债，也能计算出一个有意义的比值。需要注意的是，市销率只能在同行业中进行对比，且主要适用于销售成本率较低的服务类企业，否则将失去意义。

第五，市盈率估值法。

市盈率是企业股权价值与净利润的比值，是根据企业的净利润来估算其股权价值。这个指标在中国股权市场的应用是最普遍的，也比较直观、易懂。

市盈率=每股价格÷每股净利润。

不同行业的市盈率通常有比较大的差别，所以选择市盈率估值法对企业进行价值评估时，要特别注意针对企业所在的行业以及企业的不同成长时期灵活运用。

影响市盈率的因素有很多，包括内在价值的因素，如股息发放率、无风险资产收益率、市场组合资产的预期收益率、资产周转率、销售净利率以及企业所得税率等；变化因素，如上市公司获利能力的高低、上市公司的成长能力、经营效益稳定性以及利率水平变动等。一般来说，市盈率越低，公司股票的投资价值越高。

但是，公司股权估值不是一个简单问题，如果公司发展时间长，情况比较复杂，其定价是不能简单按照一种方法来确定的，而是要结合公司的实际情况以及发展阶段进行综合考量。正确进行估值，让员工从市场角度认识股权与公司的价值，才能起到积极的激励作用——积极参与股权激励，并且在拿到股权后努力成为一名合格的股东。

企业市值与企业价值

公司的市值与估值有巨大差异。

估值就是对公司股票的价值进行预估，就像销售商品的商家在进货时估算出成本，才能计算出售价、利润一样。在对员工进行股权激励时，我们需要估算出股票的价值才能确定该如何设置激励总量与个量。市值是指上市公司的发行股份按市场价格计算出来的股票总价值，其计算公式为：股票总市值=每股股票的市场价格×发行总股数。

对于资本市场的投资者来说，市值是企业价值的最直接体现，进行投资、重组、并购时都相当依赖这一指标。一般来说，市值达到100亿美元的企业，就已经位于优秀的成熟大型企业之列，市值达到500亿美元的企业就已经达到了国际化超大型企业的量级标准，千亿市值的企业都是超高量级。世界500强的企业其市值都已超过了千亿市值。腾讯是国内数一数二的在港交所上市的科技互联网公司，2022年3月市值是3.73万亿港元，换算成美元，市值高达4754亿美元；阿里巴巴在美国纽约上市，2019年11月市值就高达4813亿美元。

可以说，市值体现的是企业的量级。既然如此，同类企业的量级对比就具有市场意义了，可以让企业自身、员工以及投资者知晓其竞争力、股票价值。当我们将企业的市值进行对比的时候，可以考虑采取三种方式，一是将同一家公司在不同市场上的市值进行比较；二是将主营业务基本相同的不同企业的市值进行比较；三是将相似业务的不同企业的市值进行比较。

在对上市公司进行估值时，不管采取哪一种估值方法，都需要采用市值这一有效的参照物。

市净率，等于市值与净资产的比值，将净资产进行剔除处理，就可以得知企业真实的经营性资产结构。找出企业在相当长的时间段内的历史最低、最高和平均三档市净率区间，考察五年或一个完整经济周期，便可以对企业进行较为精确的估值。

市盈率，等于市值与净利润的比值。同样，将净利润做剔除处理，就可以得出企业真实的净利润。找出企业在相当长的时间段内的历史最低、最高和平均三档市盈率，考察五年或一个完整经济周期，就可以明确企业的估值。市销率也是如此。

另外，用市盈率除以净利润增长率可以得出一个比值，它就是PEG指标。这是吉姆斯·莱特发明出来的股票估值指标，弥补了市盈率对于企业动态成长性估计的不足。一般来说，这个比值等于1，那么其估值就是合理的；如果比值大于1，说明估值被高估了，相反就是被低估了。但是，它需要与市盈率同时出现，否则就没有意义。

接下来，我们需要了解什么是企业价值。

企业价值，就是指企业本身的价值，是企业有形资产和无形资产等价值资产的市场评价，企业价值=企业的市值+净负债。很多人将企业价值理解为利润，实际上两者的范围有所不同，利润只是企业市场价值中所创造价值中的一部分。在现实生活中，企业价值远远超过账面资产的价值，因为还包括无形价值。

企业价值是与企业的财务决策密切相关的，体现了企业资金的时间价值、风险以及持续发展能力。通过以价值为核心的管理，可以使企业的股东、债权人、管理者、普通员工都能获得满意回报的能力。而企业价值越高，利益相关者回报的能力就越高。

股权激励对企业价值具有非常大的影响，首先企业实施股权激励后，可以促进企业提升业绩，进而有利于企业长期价值的创造、减少人力成本、减轻税负，为企业增加现金净流量。可以说，在股权激励正常发挥作用下，企业价值是提升的。我们知道，企业实行股权激励，一般会改变公司的股权结构，而股权结构也将影响股东行为和管理层的行为，然后再把这种影响传导到公司的业绩增长中去。

另外，在股权激励制度安排下，激励对象想要获得收益或者获得更高的收益，就需要与股东保持一致，更加努力地为公司创造价值。这样一来，企业价值便随之提升。进行股权激励，还有利于公司股价的提升，坚定投资者信心。在股权激励过程中，上市公司的重大事项被披露，管理团队更稳定、更富有激情，这样一来，股民自然对股票充满信心，也就促使股价不断上升。而二级市场上股价的上升，无疑会增加上市公司的内在价值，提升上市公司的业绩。

总之，想要做股权激励，必须懂得企业股权如何估值，同时明确企业市值与企业价值以及两者的关系，否则激励计划也无法取得预期效果。

激励的价格与数量要明明白白

如何合理地给股权定价，拿出多少股份来激励，是股权激励的关键。企业想要把股权激励做好，即必须把价格与数量弄得明明白白。讲这两个问题前，我们先看下面这个案例。

呷哺呷哺是一家火锅连锁企业，1998年在北京创立，其特点是把台式就餐形式和传统火锅完美结合在一起，开创了吧台小火锅的新业态。因为火锅餐饮的特殊性，决定了火锅店与传统的点菜式中餐厅的运营模式有很大差别。一定程度上说，火锅店不需要厨师团队，员工成本也不高，但是需要高品质的原料供应与服务，包括原料生产采购、物流冷链运输，以及门店的高水准服务。

随着年轻人越来越青睐火锅，火锅市场规模增长幅度加快，呷哺呷哺面临的竞争越来越激烈，于是开始实施股权激励，一方面激发员工的积极性，一方面激发团队的活力，提升竞争优势。

2009年，呷哺呷哺股东大会通过了股权激励方案，决定采取期权与限制性股份两种方式相结合的激励模式。截至2019年，在期权方面，呷哺呷哺向19名被激励对象授予共1045.77万股的购股权，行权价均保持在每股0.84~2.78元。到了2014年，以上购股权全部授出，归属方面将购股权分为四等份在呷哺呷哺上市的第12个月、24个月、36个月、48个月后归属，行使期为10年。

在限制性股份方面，呷哺呷哺向21名被激励对象授予545.83万股股份，分别在2016—2019年授出，受限制股份均分为四份，分别于授出年份第3年、第4年、第5年、第6年的4月1日归属，行使期为10年。

到了2021年4月13日，按照当日的收盘价计算，这1045.77万股期权股份的市价高达1.4亿港币，545.83万股受限制股份的市值也达到7368万港元。可以看出，呷哺呷哺股权激励涉及的股份数量达到了1591.6万股，现价市值达2.14亿港元，其行权价格也是依照股票票面价格确定的。

因此，对于上市公司，其股权激励计划中股票期权的行权价格需要参照股票市场价格，行权价格不得低于股票票面价格。同时，对于定价，不得违背以下规定：第一，股权激励计划草案公布前1个交易日的公司股票交易均价；第二，股权激励计划草案公布前20个交易日、60个交易日、120个交易日的公司股票交易均价之一。

同时，激励计划中限制性股票的授予价格，不得低于股票票面金额，同时不得违背以下规定：第一，股权激励计划草案公布前1个交易日的公司股票交易均价的50%；第二，股权激励计划草案公布前20个交易日、60个交易日、120个交易日的公司股票交易均价之一的50%。

如果上市公司采取其他方式确定行权价格或授予价格，需要在激励计划中对定价依据、定价方式做出说明与解释。

对于非上市公司，通常来说，股权激励授予价格确定为每股1元。行权价格则可以通过专业机构的评估来确定，评估出一个公允的价格。同时，定价时可以以市场评估、注册资金、评估净资产价值以及净资产折扣价为标准。另外，非上市公司股权价值的评估是比较复杂的，即便其价格是公允的，但是得不到员工的认可，也是没有意义的。所以，公司创始人应与员工协商定价，确保激励效果更好地实现。

与此同时，针对股权激励的数量问题，我们需要弄清楚其总量与个量的区别。总量是公司共计拿出多少比例的股份来激励，个量则是授予每个激励对象多少股份。确定激励总量时，我们需要考虑以下五个因素，如图4-2所示。

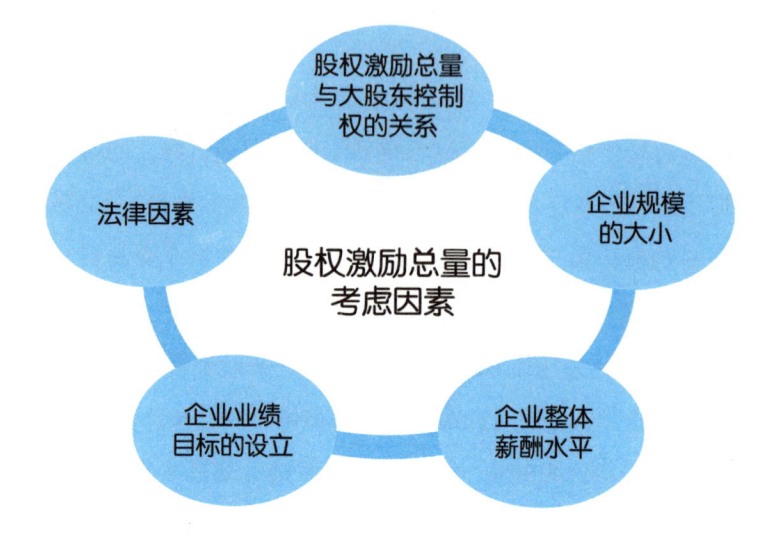

图 4-2　股权激励总量的考虑因素

第一，股权激励总量与大股东控制权的关系。

股权激励总量的比例不能太高，以免影响大股东对于公司的控制权。虽然大股东让得多，激励总量就大一些，对于激励对象的激励力度也更大。但是如果让的比例过大，使得大股东的股权严重稀释，那么就得不偿失了。

第二，企业规模的大小。

股权激励总量应该与企业规模成反比，即企业规模越大，发展阶段越高，总量就越小。

一般来说，大规模头部企业的规模大，总股份多，激励总量的比例往往比较小，大约占总股本的3%，不小于1%。而规模小的中小企业，总股本小，激励总量的比例可以大一些，一般占总股本3%~5%，但不应超过10%。

一家大型房地产公司做股权激励，因为企业发展到一定规模，盈利稳定，营收体量大，所以拿出总股本的3%即可。但是，一家创业期的餐饮公司，处于发展阶段的早期，而且盈利不稳定，那么拿出5%的股份也是远远不够的，不足以起到激励作用。

第三，企业整体薪酬水平。

一般而言，规模较大、发展成熟的公司，其薪酬水平比较高，奖金及福利待遇也比较好，所以激励总量可以小一些。而规模小、处于初创期的企业，薪酬水平比较低，奖金及福利待遇也不会太好，且公司未来发展前景也不明朗，要是不加大激励数量就起不到一定的激励效果。

同时，确定股权激励总量时，我们还需要与同行业做比较，如果企业自身的薪酬水平比同行业高，那么总量可以少一些，相反就需要比同行业高一些，避免人才流失。比如阿里巴巴的薪酬水平属于行业偏低的，所以其股权激励总量要比其他企业高。

第四，企业业绩目标的设立。

如果企业制定的业绩目标比较高，达成的年度目标比较大，那么就需要加大股权激励的力度、提升激励总量，这样一来才能让员工愿意付出更多的努力。

第五，法律因素。

在确定股权数量时，必须遵守相关法律规定，如上市公司的股权激励总量不得超过公司总股本的10%。

除此之外，确定激励总量的过程中，我们还需要考虑本企业所处行业的行业特色、市场环境、未来人才需求，考虑部分股份的预留及激励对象数量等因素。

对于个量的确定，我们需要具体问题具体分析，针对激励对象的自身特点来确定。同时，在这个过程中，我们需要考虑以下两个因素：

第一，公平因素。

针对激励对象的级别、贡献来确定数量，高级管理人员的比例不能太高。同时，不能出现同级别（如同为中层管理人员）所授予比例不同的情况，否则只能让其他激励对象产生不公平感，影响激励效果。

第二，员工的实际薪酬水平。

授予激励对象股权时，必须按照其对企业的贡献度大小、实际薪酬水平高低来确定，避免出现薪酬倒挂的现象。

可以采取直接判断法，这个方式适合创业初期的企业，只要考察激励对象的职位、业绩、竞争对手的情况，就可以确定其应授予的股权数量。

可以采取分配系数法，这适合成熟期的企业，需要考察人才价值、薪酬水平、业绩考核等因素。

分配系数法的计算公式为：个人激励数量＝激励总量×激励对象个人分配系数÷公司总分配系数。

其中，个人分配系数＝人才价值系数×20%＋薪酬水平系数×40%＋业绩表现系数×30%＋工作年限×10%。

公司总分配系数＝所有激励对象的个人分配系数的总和。

各个系数说明：

人才价值评价标准为：95分及以上为A级，人才价值系数为3；85~94分及以上为B级，人才价值系数为2.5；75~84分及以上为C级，人才价值系数为2；74分及以下为D级，人才价值系数为1（人才价值评分由公司自行决定，可采用学历、职称、岗位等综合确定，满分为100分）。

薪酬水平：可以把所有激励对象中最低薪酬设定为系数标准1，其他激励对象的薪酬除以最低薪酬，就可以得到其薪酬系数。

业绩考核等级分为五级，优秀是A，考核系数为1.2；良好是B，考核系数为1.1；中等是C，考核系数为1.0；合格是D，考核系数为0.9；不合格是E，考核系数为0.8。

另外，个人股权激励的数量，需要考虑未来预留的数量，应该分批次给予，而不是一次性全部给予。

总的来讲，确定股权激励数量不仅需要解决股东与激励对象的公平性问题（总量），还需要解决激励对象之间的公平性问题（个量）。确定合理的股权激励价格与数量，才能大幅提升激励力度，既让员工获得较大收益，又能保证企业的发展壮大。

可比公司法——非上市公司估值方法

与上市公司的估值相比，非上市公司的估值要复杂一些，我们可以采取可比公司法。所谓可比公司法，就是先挑选与非上市公司同行业、规模差不多的上市公司作为可比或可参照对象，以同类公司的股价与财务数据为依据，计算出主要财务比率，然后用这些比率作为市场价格乘数来估算企业的价值。这些财务数据包括市盈率与市销率等。

在国内的风险投资市场，比较常见的估值方法就是市盈率法。一般来说，上市公司市盈率包括历史市盈率、预测市盈率，前者是企业当前市值与上一个财务年度利润或前12个月利润的比值；后者是企业当前市值与当前财务年度利润或未来12个月利润的比值。

公司价值=预测市盈率×公司未来12个月利润。

通过公司的财务预测，我们可以估算出公司未来12个月的利润，所以关键问题在于如何确定预测市盈率。通常来说，预测市盈率是历史市盈率的一定比例的折扣。比如，某个行业的平均历史市盈率是40，那么预测市盈率大概确定为30。而在估算同行业、同等规模的非上市公司价值时，还需要进行打折，确定在15～20。如果企业规模比较小，或者处于初创阶段，那么预测市盈率还要降低，大概确定在10左右。

可比公司法有一定的优势，可以用来评估股票不公开交易的企业的价值，还可以评估并购公司的价值。它与可比交易法是购并企业估价的基础。我们可以按照以下五步来完成对企业的估值：

第一步，找到同行业的类似公司；

第二步，找到所需的财务信息；

第三步，计算关键财务数据以及倍数关系；

第四步，进行可比公司的基准比较；

第五步，确定估值。

事实上，找到一个同行业的类似公司并非那么容易，我们需要从竞争对手找起，看竞争对手是否与企业具有相同的关键业务和财务特征，市场是否有类似的机会与风险。不能只找一个，而是需要找5～10家类似公司来比较。

同时，一些上市公司的财务报表是公开的，我们可以找到类似公司的财务信息、关键财务数据，然后计算出相应的指标。只是在计算关键财务数据及比例时，我们需要注意计算方法，将年度财务报表和季度财务报表合在一起来考量，避免出现数据信息片面的情况。

我们需要确定合适的指标，这样的估值指标通常有两类。

第一，价值除以利润、资产。

价值可以是市值、股权价值、股价等。利润和资产则反映了企业本身的盈利能力或目前所拥有的资源，可以是利润、每股利润、收入、总资产等，通过这些指标我们可以评价具有不同盈利能力或者资产规模的企业的价值。

第二，价值、盈利或资产除以业务增长率。

增长率可以是可比公司的业务增长率，也可以是收入增长率、利润增长率。需要注意的是，它并不是企业某一年的财务指标，而是若干年的平均年增长率。

另外，与可比公司法相对应的是可比交易法。同样的，需要挑选同行业类似公司，基于融资或并购交易的定价依据作为参考，获得有价值的关键财务数据或非财务数据，计算出一些相应的融资价格乘数，然后评价企业的价值。

例如，A、B两家公司是同行业类似公司，业务领域相同，经营规模差不多，A公司刚刚获得融资，那么对B公司的估值便可以以A公司为依据。

需要注意的是，可比交易法不对市场价值进行分析，只是统计同类公司融资并购价格的平均溢价水平，然后根据其评价企业的价值。在实际评估活动中，一般是投资人在投资时或者企业进行融资时运用可比公司法、可比交易法。同时，在采取这两者方法时也会借助其他方法。

运用可比公司法估值的时候，我们还要注意以下事项：检查可比公司是否存在，阅读研究报告，复核财务数据、财务比例，检查所列示的数据结果是否有意义，计算出财务数据的平均值和中间值（即中位数），进行行业特有的调整等。

股票估值，低估好还是高估好

我们在前文提过，在实施股权激励过程中想要顺利落地实施，除了创始人的坚定决心，方案细节的精心设计，严格监督方案的可操作性等因素，还必须重视股权激励的定价。因为，股权激励定价决定了激励对象获得股份的成本，也决定了激励力度以及激励对象未来的股份收益。

关于股权激励的定价，有标价和出价的区别。

标价就是股权激励的每股价格，等于公司估值与总股本的比值。根据企业自身的特点，其公司的估值是不同的，一般来说，传统行业、重资产企业的公司估值，会在净资产定价的基础上有一定的折扣；新兴的、轻资产企业的公司估值，会在净资产定价的基础上有一定的溢价。

出价则是在实施股权激励计划时，激励对象实际购买股票的价格。出价可以分为折价、平价、溢价，折价又可以分为无偿赠送、1元每股、以一定折扣定价等方式。

很多企业为了增加激励力度，提升激励对象的参与意愿，会选择折价或平价的方式。尤其是初创企业为了留住与激励核心员工的积极性、能动性，往往选择赠送股权的方式，即创始人、大股东稀释股权，授予激励对象一部分实股，或者赠予一定比例的干股。一些企业还会无偿赠送激励对象股票。

明星电缆在上市前的2003—2008年总共实施了五次股权激励，都是免费赠予员工，并附加工作五年的条件。

股票的价格决定了股权激励的定价，同时，需要对股票进行潜在价值的评估，即根据每股收益、行业市盈率、流通股本、每股净资产、每股净资产增长率等指标对股票进行估值。每股盈利是指税后利润与优先股股息的差额，与普通股股数的比值，其计算公式为：每股盈利=(税后利润−优先股股息)÷普通股总股数，这个指标表明公司获利能力和每股普通股投资的回报水平，数值越大越好。流通股本是指在交易所内流通的股票，不管是股东、激励对象、投资人的股份，一旦获得流通权，就被称为流通股本。每股净资产额，也就是每股账面价值，计算公式为：每股净资产额=股东权益÷股本总数，这个指标反映每一份普通股所含的资产价值，那些业绩比较好的公司，股票的每股净资产额都是高于票面价值的。

那么，股票估值低估好，还是高估好？

股票估值是运用市盈率、市净率等指标来反映股票的投资价值。市盈率越低，说明投资成本回收期越短；市盈率越高，回收成本时间越长。市净率越低，公司股票的安全边际越高；市净率越高，其安全边际越低。但是，这里有一个前提，就是公司每年的业绩保持不变。如果公司成长态势好，利润保持连续几年高增长，公司的股票就是低估值的。

高估值股票则是市盈率、市净率都相对较高，股票的价值也比股票应有的价值高。一旦公司的股票被高估了，那么可能存在泡沫，股票被严重炒作，导致股价脱离其价值。但是在企业进行股权激励时，股票价格高，并不意味着其价格被高估了，我们需要根据当时的市盈率和市净率进行分析判断。

公司股票，估值越低，价值越高；估值越高，价值越低。但是并不是估值越低越好，或者越高越好。股票估值越低，并不意味着就会越好，需要看市场人气究竟是怎样的，需要考察是不是有人在炒作。同样，股票估值越高，也不意味不好。如果公司的成长性非常好，那么估值高是一件好事，但是如果公司前景不明，利润不稳定，那么就是一件坏事。股票价格与企业业绩增长、经济效益不匹配，无疑风险就增大了。因为股市是有规律的，没有业绩支撑，迟早也会跌下去。

最后我们需要明确一点：很多时候企业的预期过于乐观，导致对业绩增长做出了较高的评估，进而促使股票估值较高。在进行股权激励前，一旦发现这种情况出现就需要调整估值方法。同时，没有任何一家企业的估值永远有效，其内在价值往往会受市场前景、产品状态、公司竞争地位、消费者需求而改变，所以我们需要转变思维，具体问题具体分析，而不能抱残守缺。

第五章

全员持股：员工股权激励详谈

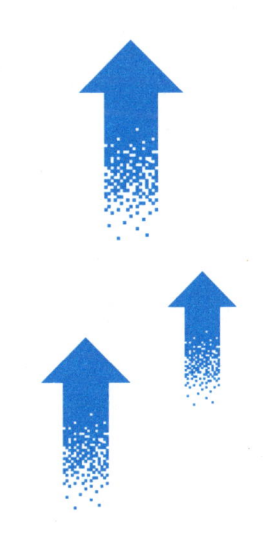

全员持股合伙，不等于全员股份均等

在企业尤其是中小企业发展初期阶段，为凝聚团队、促进企业发展，通常会希望打造合伙人文化，把每一位员工都发展成为合伙人，这样一来，公司的竞争压力便逐步逐层传递到全体员工。员工成为共同创业者，感受到企业的压力，并且为企业发展努力奋斗。所以，企业实施全员持股计划，给予每个员工股权激励，当员工与企业形成一种相互信赖感时，自然就可以激发其积极性，大大提高工作效率。

小米推行的全员持股计划，将每位员工都发展成为具有合伙人精神的"小米人"。2019年7月22日，雷军宣布小米成为世界500强，同时宣布将赠予每位小米同学1000股小米集团股票。其中，"500股是给小米每一个人的全球500强成就纪念，500股是给每位同事和伙伴的家人的纪念品"。这一计划一旦实施，就意味着小米在职的员工和核心外包服务团队共计20538人，都将拿到小米集团股票，小米则实现了全员持股。

这种赠股的行为就是一种股权激励，使员工以股东的身份参与企业决策、分享利润、承担风险，同时获得满满的企业归属感，自然也就更愿意尽责地为公司的长期发展提供服务。

那么，全员持股是不是意味着全员均等呢？每个人拿到的股份是一样的，每个人的效益分成也是相同的吗？当然不是，如果这样的话，那么激励也就没有什么效果了。股权激励可以具有普惠性，但是不能一刀切，也不意味着一定是人人持股。

股权激励，激励的是与公司业绩发展直接相关的核心员工、稀缺性员工，并不是针对所有员工的普惠性福利。一般来说，公司会根据二八原则来确定激励对象，即优先激励那20%的核心人员，之后再分层激励。

另外，全员持股并不是一蹴而就的，而是把员工分为很多档次，推行分层激励、分级合伙的形式，循序渐进地实现全员持股合伙。

南京钢铁联合有限公司（以下简称南钢）推行了全员共创、共享的经营模式，对全员进行中长期的股权激励计划。

南钢的股权激励计划具有惠及全员的性质，但是采取了分层合伙、分级合伙的形式。具体来说，南钢的全员合伙人制度主要有以下四种模式：

第一，全员效益分成。

根据公司主业的效益，主业全体员工按照组织和个人绩效以及贡献，按分档累进不同比例获得效益分成，让所有员工都能共享利益。

第二，全员创新激励。

即每年拿出一定的资金对创新项目进行奖励。

第三，实施员工持股计划。

这一计划是从2015年开始实施的，员工可以以低于市场价格自愿购买公司股票，成为公司的股东，与公司共享利益、共担风险。

第四，进行期权激励。

2017年，南钢对核心合伙人进行期权激励，成立合伙人委员会，向合伙人授予股票期权。激励对象侧重于公司董事、中高层管理人员、核心技术人员、核心业务骨干等。

最后，南钢还推行了项目跟投计划，员工、项目团队、管理人员可以根据档级进行跟投，项目完成后根据评价结果获得投资回报和奖励，最高可以获得跟投金额的1.5倍回报。项目团队可以利用自有资金跟随公司进行产业项目的投资，根据投资份额获得相应的回报。

南钢的全员持股合伙，不仅使所有员工共创共享，同时确保收益与价值挂钩，极大地激发了企业与员工的激情与价值的发挥，让企业走上良性发展的快速路。

事实上，众多企业都是采取了这种激励方式，比如娃哈哈、360奇酷等，也获得了非常好的激励效果。所以，针对员工，我们可以采取全员持股合伙的方式，但是需要注意的是，这是一个长期的过程，同时也要注重分层激励、分级激励，不能追求全员参加、全员股份均。

全员持股，员工要不要掏钱买？

股权激励很有效，但是一些创业者不懂得如何使用，面临不知道是不是要员工掏钱购买，如果要员工掏钱的话应该以什么价格购买导问题。

员工不用出钱，但是可以享受分红的方式，就是我们所说的干股。这种股份适用于初创期的企业，企业刚刚起步，为了吸引技术、运营等人才，给予其技术干股、运营干股，实际上就是一种变相的奖励。干股的好处就是它是赠送给激励对象的，不需要其付出任何代价，也不需要承担任何风险。虽然它会导致创始人、股东权益减少，降低了每股的利润，但是对于股东的影响并不大，同时还降低了企业的风险。即使激励不成功，也只是有损公司与股东的眼前利益，对于公司的股权、经营并没有什么损害。

但是，干股也有一定的弊端，因为员工没有出钱，对企业没有归属感，始终认为自己只是打工者，并不是真正意义上的股东，所以积极性与主动性也大打折扣。如果公司盈利状况良好，员工能得到较多收益，那么激励效果是明显的，一旦企业不盈利，员工拿不到分红，那么积极性就受到打击，其激励作用也就消失了。

另外，若是创业者在激励过程中把握不好，很可能最后会产生纠纷，落得企业与员工双输的局面。

某汽车销售服务有限公司因为业务发展迅速，与另一汽车贸易有限公司共同成立第三公司，并聘请原公司销售高级管理者夏某担任执行总经理。为起到激励作用，决定将第三公司的10%的股份作为经营者干股授予夏某，并各自拿出15万元作为经营者干股的注册资金，且在第一次董事会会议记录中明确约定，经营者干股可以有分红权和表决权，但是不具有产权。激励对象想要实股，必须用现金进行股份回购。

后来，夏某提出离职，认定干股是公司赠予自己的，于是要求公司兑现干股分红权和表决权。只是因为公司最初已经明确干股可以有分红权、表决权，没有产权，所以夏某没有实际控制权，其离职后也就丧失了持有干股的权利。虽然最后公司获得了胜利，但是因为没有以书面形式约定下来，还是造成了一系列的麻烦。

公司在给予干股时需要给得明确，激励对象接受干股也需要要得清楚。若是公司没有以书面形式明确约定，那么就可能变成赠予，给企业带来损失。若是激励对象与公司没有签订相关协议，那么企业可以随时撤销，激励对象也只能自己承担损失。

与干股相比，员工出资入股就有许多好处。首先，员工愿意出资，说明其对公司认可、对公司未来发展有信心，那么入股后就可以获得认同感、价值感，进而被激发出最大的积极性、主动性。

同时，员工出钱了，才能真正承担风险，才能更加愿意出力。因为在心理学上，人们天生就有一种损失厌恶心理。就是说，等量的收益能给人带来快乐，但是这种快乐远远不如等量的损失带给我们的痛苦更强烈。例如，我们拿到1000元分红，可能会高兴一阵子，但是如果损失掉1000元投资本金，可能会难过更长时间。所以，为了规避损失，我们会加倍努力、加倍小心，为了公司的业绩与发展尽心尽力。

这也是在股权激励中员工是否出资的激励效果有很大区别的原因之一。当然，出资并不是随意出的，员工需要拿出多少资金，同一批次的激励对象是否拥于相同的激励力度，也应该按规则来执行。

我们都明白一个道理，"不患寡而患不均"。所以，激励对象需要出资多少，差额如何平衡，股权如何划分都需要考虑。即在分配上一定要讲究平衡，虽然每个人的基础不一样，但是可以先给每个人等额的股份，然后再根据其业绩、贡献来允许其购买不同的份额。另外，出资原则也需要书面约定好，明确日后分红、享受利益等问题。

卢卡是一家小家电生产销售公司的经营者，由于其销售产品质优价廉，再加上市场需求旺盛，业绩突飞猛进，成为当地数一数二的企业。随着市场变化，竞争者越来越多，卢卡寻求突破，决定开发生产智能家电，以新产品、新姿态冲破突围。

为了转型，卢卡决定对几位技术高级管理者进行股权激励，一方面激发其积极性、创造性，一方面解决研发资金短缺的问题。之后根据激励对象的职务、负责的相关事宜，卢卡做了出资方面的规划，一名技术总监出资20万元，三名技术部经理各出资15万元，一名技术研发主管出资10万元，分别持有公司股份5%、4%（三位持有比例相同）、3%，拥有股份的分红权、增值权以及所有权，不具有表决权。

几名激励对象出资后，工作更用心起来，且团队的协作更好，仅半年时间就研发出新产品。接下来，公司迅速投入生产，当年销售额直线上升，占有当地市场60%份额，并向外发展，趋势良好。最后，卢卡又根据协议对激励对象进行分红与利益的分配，继续加大激励力度，进一步激发技术团队的研发创新价值，新产品的更新、改进速度都高于同行业水平。

所以，对员工进行激励时，我们要考虑好是否出资的问题，这不只关系到股权的问题，更关系到激励力度、激励效果的问题。谨慎赠送股权，不轻易选择干股，要让员工出钱又出力，这样才能让其愿意承担风险，且起到双向激励的作用。

员工持股计划，让员工与企业共进退

我们在前文简单介绍了员工持股计划，现在做详细的讲解。事实上，员工持股计划与股权激励是有一定的区别的，员工持股更灵活，企业可以自身情况进行安排及操作。

与股权激励相比，员工持股计划的持股对象可以是管理层人员，也可以是普通员工，侧重于激励的普惠性、全员性。其股票的来源更加多元化，不仅包括回购本公司股票，员工还可以直接从二级市场上自行购买股票，或者接受大股东的直接赠予。而且，员工持股计划属于长期持续的激励，每期员工持股计划的持股期限不得低于12个月，以非公开发行方式实施员工持股计划的，持股期限不得低于36个月。

从某种意义上来说，员工持股计划是一种员工与公司利益的绑定，通过参与计划，员工从打工人成为企业的主人，这能够使员工在工作中充满热情，更愿意付出加倍努力来提升个人绩效与企业整体业务。同时，用股票来激励员工，相对于直接的支付薪酬、奖金，能为企业减少现金支付的压力，对于公司的实际现金流量影响不大。如果员工需要出资购买股票，还可以实现企业融资的目的，增加现金流量。

2004年，张裕集团实施员工持股计划，集团实际控制人烟台市国资局将所持集团45%的国有产权转让给烟台裕华投资发展有限公司，金额为38799.51万元。转让完成后，烟台市国资局仍持有张裕集团55%的股权，为集团的控制股东。

在激励计划中，裕华公司的出资人有两家企业法人和46个自然人，其中两个企业法人分别为烟台裕盛投资发展有限公司和中诚信托投资有限责任公司，而46个自然人均为张裕普通职工，后者出资占注册资本的37.8%。裕盛公司则由26名自然人股东出资设立，其中14人为张裕集团和本公司高级管理人员，出资占注册资本的64%，其他12人为中层骨干，出资占注册资本的36%。

张裕集团实行了员工内部持股之后，员工持有集团45%的产权，投资方持有40%的产权，烟台市政府持有15%的产权。虽然这一计划在当时受到了一些人的质疑，但是，这是张裕集团实现改制的第一步，对于其激活企业活力、激发员工积极性具有促进作用。这不仅有利于经营者发挥其价值，促使其与企业保持利益、价值的一致性，还有利于公司股票价格的上升，使股东与公司从资本中获取更多的利益。

当然，员工持股计划是一把双刃剑，若是企业对股权授予、股权流动、股权退出等管理规则缺乏前瞻性，那么就容易导致激励力度不足、股权外流的现象。如果员工薪酬比较低，难以一次性拿出资金购买股票，造成员工持股范围缩小，就可能导致激励效果不佳、激励计划失败。

因此，实施员工持股计划时，我们必须具有前瞻性，根据企业自身情况科学制定方案。重要的是，我们需要选择适合自己的持股方式。一般来讲，员工持股计划有以下三种持股方式，如图5-1所示。它们有各自的特点与优缺点。

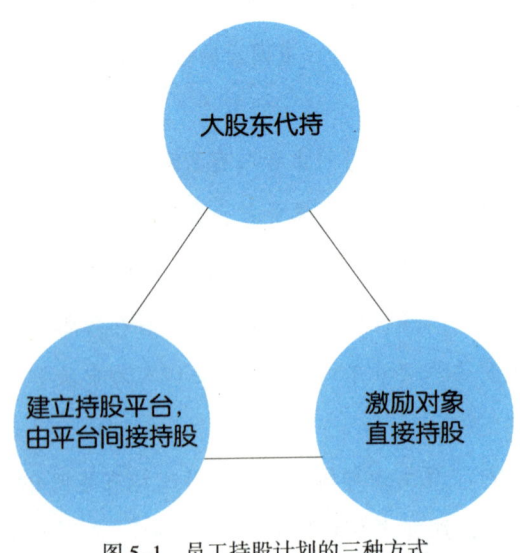

图5-1 员工持股计划的三种方式

第一，大股东代持。

大多数公司创业之初就已经考虑了未来的人才激励，预留了股权激励的股份。通常，这部分预留股份是由创始人、大股东代持的，等实施员工激励时再授予。当然，员工行权后，这部分股份仍由大股东代持，员工与大股东签署股权代持协议。

虽然员工间接持有股权，但是在这种情况下，员工无从体验安全感与身份感，那么自然也起不到激励作用了。所以，我们最好不要选择这种持股方式。

第二，激励对象直接持股。

员工直接持股，不仅享受分红权、增值权，还拥有股东的各种权利，包括所有权、表决权，是价值感最强的方式，对于激励对象的激励作用也非常大。但是，因为股权分散了，会影响创始人的控制权，这种方式也是大多数企业避免采用的。

第三，建立持股平台，由平台间接持股。

为了实施股权激励，公司可以成立有限公司或者有限合伙企业作为持股平台，然后通过股权转让或增资扩股的形式持有主体公司的股权，激励对象行权后可以持有平台公司的股权，从而实现间接持有主体公司股权的目的。

因此，作为主体公司的法人股东，平台公司行使股东权利，激励对象享受其相应权利，包括股份的所有权、表决权、分红权等。但是因为平台公司在主体公司的表决权由创始人行使，所以不会影响创始人的控制权。同时，激励对象的退出是在平台公司，并不是在主体公司，所以也不影响主体公司的股权架构。

目前大部分公司采取成立有限合伙企业作为持股平台的方式，一般情况下，由创始人作为普通合伙人、一位股东作为有限合伙人共同成立有限合伙企业，其合伙事务执行人一般由创始人担任，激励对象行权后作为有限合伙人就可以持有相应份额的股权。这种持股方式，创始人可以拿出更多的利益用来激励，同时也不会影响控制权，还能进一步促进创始人和激励对象实现双赢。

总之，员工持股计划是一种比较特殊的激励方式，我们除了要结合企业自身的具体情况灵活操作，还需要明确激励的总量以及激励对象的范围，避免出现股权过度分散的情况。

持股平台，有好处也有代价

公司在进行股权激励时，之所以选择持股平台，是因为要稳定公司的股权，保持创始人、大股东的控制权。持股平台只是为了分配股权而设立的，没有实际的业务。当然，除了之前我们提到的有限公司或者有限合伙企业，持股平台还包括资管计划、信托计划等形式，只是这些形式在国内并不普遍。

当有限合伙企业作为平台公司时，其合伙人可以分为普通合伙人和有限合伙人。其中，有限合伙人只有分红权和增值权，其表决权要委托给普通合伙人。就是说，只要创始人、大股东同时是持股平台的普通合伙人，那么就可以完全掌握公司的控制权。

A是某上市公司的创始人，持有该公司33%的股权，虽然股权被稀释严重，但A仍然是大股东。同时，A在进行股权激励时成立了一家有限合伙企业作为持股平台，持有持股平台71%的股权，而持股平台又持有上市公司51%的股权，因此，A持有上市公司69.21%的股权（33%+71%×51%），拥有84%的投票权，仍然是公司的绝对控制人。

因此，持股平台的设立有利于保持主体公司股权的稳定性，尤其是在股东人数比较多、创始人股权被稀释的情况下，把部分股权委托给持股平台，即使将来股权发生变动，也是持股平台发生变动，不会影响主体公司的组织架构和股权结构，同时也可以避免创始人因为股权稀释、投票权被分散，而失去控制权。

同时，设立持股平台有利于主体公司对员工，尤其是对高级管理人员进行激励。根据《公司法》规定，有限公司股东人数最多50人，股份公司股东最多200人，但是增加一个有限公司或有限合伙企业的话，股东人数就会增加，这就意味着企业可以吸引更多核心人才加入，还可以对内部核心人才进行股权激励。

除此之外，搭建持股平台有利于企业进行税收筹划，因为如果将平台公司注册在"税收洼地"或者境外，如开曼群岛，就可以享受税收优惠政策，减少成本支出，有利于进行融资及进行股票质押融资。

蚂蚁金服就采取设立有限合伙企业作为持股平台而进行股权激励的方案，通过多级股权架构、有限合伙企业特殊的议事规则，马云最大限度地实现了对蚂蚁金服以及旗下公司的绝对控制权。

蚂蚁金服作为互联网金融服务企业，估值高达1500亿美元，旗下包括支付宝、网商银行、蚂蚁聚宝、芝麻信用等品牌，其运营方为浙江蚂蚁小微金融服务集团有限公司及控股公司。而蚂蚁小微金融服务公司有23个股东，其中浙江君澳股权投资合伙企业与杭州君瀚股权投资合伙企业占有主体公司约76%的股权,拥有公司的绝对控股权。

浙江君澳股权投资合伙企业为有限合伙企业,杭州云铂投资咨询有限公司为唯一普通合伙人,而且该公司的唯一股东为马云,所以,马云对于蚂蚁金服有绝对的控制权。这样一来,能够有效地实现了马云以及杭州云铂投资咨询有限公司对于主体公司的控制权,且有效地降低了控制权的成本。因此,即使杭州云铂投资咨询有限公司只持有合伙企业的极少数股权,也可以实现对该企业的控制,进而有利于对更多的员工进行激励,把更多股东放在持股平台。

相反,现实中也有很多企业采取了员工直接持股的方式,虽然其激励力度大,激励效果明显,但是也给股权纠纷、团队不稳定埋下了隐患。员工直接持股,可能因为利益而出现短期行为,或是在限售期之后马上抛售公司股票来谋取利益。

富安娜曾对员工进行股权激励,结果公司上市之后,就有20多名员工相继抛售股票套现,还直接跳槽到竞争对手水晶家纺。虽然富安娜与被激励员工签订了竞业承诺函,这些员工也因为违约赔付了巨额违约金。但是,对于富安娜来说,其打击也是不小的,不仅造成了人才流失,其股权结构也受到了影响。

那么,是不是可以把所有员工都放在持股平台呢?答案是否定的。对于有限合伙企业来说,虽然可以增加股东的人数,但是,我们还需要考虑激励对象的重要性、价值,所以可以把对公司有重要价值、有贡献的员工放进来,也可以把元老级员工放进来。因为员工不能直接持有母公司股权,不能参与主体公司的决策,而且员工所持有的股份不能继承，对其交易设置了限制条件，所以，对于企业来说是非常有利的。而这也是创始人、大股东倾向于设立持股平台的原因。

设立持股平台有好处便就有代价，而且其代价也并不小。

有限公司间接持股的税负比较高，如果不进行税收筹划，需要缴纳股权转让税和分红税。即使进行了税收筹划，其缴纳的税收也要比员工直接持股高出许多。因为是通过公司转让限售股，所以，所有股东必须同步转让股权。

对于有限合伙企业来说，由于通过合伙企业转让限售股，所以所有人只能同步转让股权，而且其普通合伙人要承担无限责任，若是不能将无限责任有限化，那么需要承担的潜在风险是非常大的。

哪些员工不需要运用股权激励？

选择激励对象，是进行股权激励的前提。我们在前文提到，选择正确的激励对象才能稳定团队，提高业绩；选择不合适的激励对象，不仅激励目标很难达成，同时还可能导致团队内部出现种种问题。

某科技创业公司刚刚成立不久，拿下了一项软件研发新项目，需要有能力的技术人员加入，于是创始人便采取股权激励的方式招纳人才——招聘技术主管岗位，如果在一段时间内促使项目研发有重大进展，公司将授予技术主管3%的实股。但是，因为该项目处于初期阶段，公司未来发展不明朗，所以短时间内并没有找到合适人员。后来有一位能力出众的技术专家愿意兼职，为研发提供技术指导同时加入研发工作。于是，创始人决定采用这个方案，并履行承诺授予其3%的股权。一开始，项目研发比较顺利，进展也非常快，然而等到关键时刻，那位技术专家却因为个人原因要求退出。

因为专家与公司是合作关系，没有严格限制，而且公司创始人与其签订的股权转让协作中并没有明确退出机制，所以，这家科技公司的新项目不仅被迫中断，而且还被人拿走了一定比例的股权。

所以，除了绩效考核水平达不到标准的员工之外，兼职人员、外聘人员也不适合被选为激励对象。激励公司内部员工，促使其长期服务公司，最大限度发挥人的价值，这才是股权激励的目的。而兼职人员或者外聘员工，与公司之间只是合作关系，带有较大的不确定性，给予这些员工股权无疑加大了企业风险，而且还可能导致内部员工的心理失衡，更加不利于企业稳定发展。

那么是不是公司就一定不能对兼职人员或外部人员进行股权激励呢？其实并非如此。给予这些人员股权或期权是可以的，但是需要遵守以下原则：

一是，采取分期成熟的方式，授予股权后，设定考核条件，比如与在岗工作的时间挂钩。例如，授予技术专家2%的股权，期限四年，专家为企业服务每满一年成熟0.5%，四年成熟完毕才能拿到全部期权。如果专家在两年期满时结束合作关系，就只拥有项目1%的股权，可兑换相应的价值，也可保留股权。

二是，约定技术专家必须在一定时间内到岗，或是完成哪些项目工作内容，或是促使项目进度完成多少。如果到岗时间不够，或是无法完成项目内容、进度，那么创始人有权根据合同的约定收回股权。

华为就曾经与国内顶尖大学科研人员的合作，实现开放性"合伙"模式。科研人员与华为不同部门合作项目，在整个过程中，华为对项目执行情况与成果进行考核与验收，如果项目成功了，超过预期指标，科研人员拿到项目分红及浮动奖励。相反，项目没有达到指标，科研人员就无法拿到奖金。

在进行股权激励时，以下五类人员也不适合被纳入股权激励的体系中，如图5-2所示。

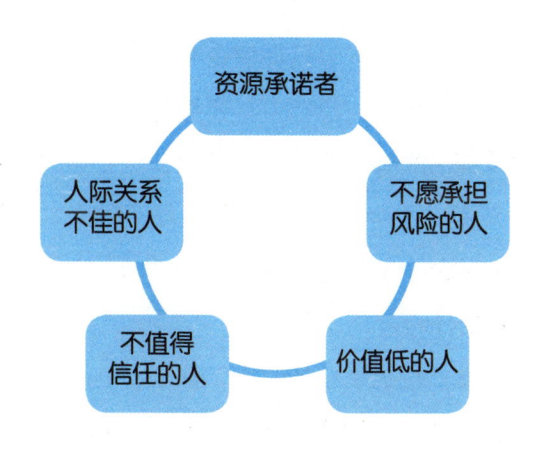

图 5-2　不适合纳入股权激励的五类人员

第一，资源承诺者。

一些初创企业是缺资源的，包括资金、渠道、人脉，等等，于是创始人便抓住一切机会寻找有资源的人，甚至会给一些资源承诺者一定比例的股份。可事实上，对于这样的人，企业可以给予一定的提成、分红，但是不能给予股权，他们只是承诺投入资源，并没有真正参与创业，也没有为公司创造真正的价值，存在着非常大的不确定性。即便这些人真的提供资源，且是重要资源，也应该避免给予实股，因为实股是稀缺资源，一旦给了，很难收回。

第二，不愿承担风险的人。

一些人有激情、愿意拼命干，但是害怕失败、不敢承担经营风险。就是说，他们可能是好员工，但是不一定是好股东，所以不适合用股权来激励。不过，创始人可以利用合伙人模式，激励其成为好的追随者。

第三，价值低的人。

股权激励是最顶层的激励设计，只能针对高价值、有能力、有潜力的优秀人才。他们可以独当一面，具有过硬的专业素养，能在岗位上做出突出成绩，经过激励之后，可以促使企业发挥最大的价值，得到快速发展。而价值低的人，要能力没能力，要潜力没潜力，只适合做最普通的工作，就算他发挥出200%的潜力也无法促使企业业绩有大的提升，那么激励有什么意义呢？这样做，只不过是徒增激励成本而已，甚至还会因为把能力平平的人放到核心位置而制约企业发展。

第四，不值得信任的人。

人品道德有问题、没担当精神的人，都是不值得信任的人，不能被选为股权激励的激励对象。一个高级管理者即便再有才华、能力，但是没诚信，为了利益而做出背叛行为，那么也不能被激励，甚至不能被任用。一旦创始人只关注激励对象的能力，而忽略其品性，那么只会给企业带来损失。

无论任何时候，员工的品性、职业素养都是最重要的，那些成为世界500强的企业之所以能发展成为各个行业的龙头，最关键的成功因素就是因为其正确的人才战略。调查显示，世界500强企业选人用人的共性就是"德才兼备"。

华硕在选拔人才时，注重五大指标——谦、诚、勤、敏、勇。

柯达公司选择人才的标准是"术，才，德"："术"是指一个人的专业技能；"才"是指一个人的才华，是否聪明、能干，是否有谋略和胆识；"德"是一个人的品行、修养以及对公司价值观的遵守和执行。

责任感也是如此，作为高级管理者不能承担自己应该承担的责任，遇到事情就推诿责任，并且试图让下属承担责任，只顾自己利益而忽视企业整体利益、所有员工的共同利益，那么肯定带不好团队，也不可能关注企业的长远发展。

第五，人际关系不佳的人。

对于中高级管理者、核心骨干员工来说，良好的人际关系也是非常重要的。人际关系不佳，就没办法与他人协作，没办法与团队融合在一起，尤其是中高级管理者无法组建、领导团队，甚至还可能因为种种原因而与其他人员发生冲突。而团队不团结、不稳定，是公司发展的大忌，也是股权激励无法实现预期目标的重要因素。

总之，选择激励对象有一定的标准，那么有些人就无法被纳入范围中，所以，在定对象的时候我们需要从企业长远发展角度来考虑，避免让一些不适合的人成为股东。

不可忘记给未来人才预留股份

在进行股权激励过程中,我们需要根据员工的价值与贡献给予一定份额的股权,其目的是留住、激励原有员工。那么,对于未来引进的新员工如何对待?

实际上,新员工更需要激励,因为他们关系到企业的未来发展,如果说我们当前激励的现有员工是公司的核心力量,那么激励的新员工便是将来要成为公司核心力量的人。只有把现有员工与新员工有效地结合起来,设计好当前与未来的股权激励计划,才能让股权激励变成一个开放的、长效的激励系统,促进企业持续健康地发展。

想要针对新进员工进行股权激励,吸引他们加入,并激励他们努力成长为公司的核心管理人员和骨干员工,在设计股权架构时,企业就需要预留出来一部分的股份,以确保做到未来"有股可分"。

那么,这部分预留股份是不是可有可无呢?并非如此。这部分股权是必须预留的。当企业快速发展、积极扩张,需要吸引更多的优秀人才加入时,如果拿不出股权来授予他们,加大企业对人才的吸引力,那么如何与其他强大的竞争对手竞争?现在企业之间的竞争,不仅仅是产品、销售、服务等方面的竞争,更是人力资源的竞争。企业在以人力资本结构为主的市场竞争中不能获得优势,那么也将在其他方面落于下风。

企业想要实现股权激励的目的,就必须对核心人才以及业绩突出者进行长期激励,持续地提高其积极性和创造性,不断地激发其潜力,这样才能保住企业强大的人力资源优势,进而促使企业立于不败之地。

另外,预留股份还可以完善企业激励机制。它将对于完善企业的激励机制起到非常重要的作用。企业的激励机制应该是动态的,能够应对人才的不断流动和更新,否则就无法做到对原有的激励对象进行合理的激励,同时,无法对未来引进的新员工进行激励。

那么,预留股份的来源是什么?

企业如果实施股票期权激励计划,必须有合法有效的预留股份。预留股票期权的主要来源包括增发新股、原股东转让股份、国有股减持、二级市场购买、公积金转增股本等。如果实施限制性股票计划,也需要有合法有效的预留股份,且股份有限公司在首次公开发行时可以预留股份。

对于预留股份的数量,没有严格的标准,但是预留的比例不能过高,即不能超过本次股权激励计划授予权益总数的10%。如果比例太高,可能给企业带来不利的影响。例如,用增发新股来取得部分预留股份,比例过高的话就会损害原始股东的权益,同时,会对股价产生比较大的影响;用回收股份获得预留部分,则往往会造成现金的流失,导致资金出现较大的缺口。

企业可以根据自身实际情况,确定预留股份的多少。

某企业拟向激励对象授予限制性股票400万股,标的股票种类为A股普通股,占当时公司总股本的2.22%。其中,首次授予385.88万股,占当时公司总股本的2.14%,占本次激励拟向激励对象授予限制性股票数量的96.47%;预留14.12万股,占当时公司总股本的0.08%,占本次激励拟向激励对象授予限制性股票数量的3.53%。其中预留部分不超过授予权益总额的20%,预留比例较低。

另一企业实施限制性股票激励计划,拟向激励对象授予限制性票935万股,占当时公司总泵的1.37%。其中首次授予748万股,占当时公司总股本的1.09%；预留187万股。占当时公司总股本的0.27%，预留部分占本次授予权益总额的20%，比例适中。

虽然留多少由企业自己决定，但是只要有预留，就需要在12个月之内把预留的股份授予出去，否则就会失效。

除此之外，我们在前文中提到绝大部分公司都会设立期权池，在融资前预留一部分股份给未来的核心人才，避免股权稀释原有团队的股权，将来没有股份分给未来新进的人才。一般来说，这部分股份是固定的，占总股份的10%～20%。董事会在期权池规定的限额内决定授予哪些员工期权，发放的数量是多少，行权的价格是多少。因为每轮融资都会稀释期权池的股权比例，所以，在每次融资时都会调整期权池，以便吸引更多的人才。

预留股份的授予也是有限制的，需要在经营业绩、时间等方面进行限制；激励对象需要出资才能得到预留股份，其数量需要根据其岗位的重要性和对企业的贡献程度来确定。在预留股份授予之前，企业还需要进行工商注册登记，由创始人、大股东代为持有预留股份。

2012年6月，郑州宇通客车股份有限公司首次实施限制性股票激励计划，之后对其授予数量和授予价格进行相应的调整，拟授予的限制性股票数量为不超过3620万股，占公司总股本不超过6%。其中首次授予的股票数量为3267万股，占本次激励计划限制性股票总量的90.25%；预留353万股，占本次授予的股票总量的9.75%。

2013年5月，郑州宇通向激励对象授予预留限制性股票，标的为公司A股限制性股票，授予数量为635.2万股。对本次激励计划的调整方法和程序做了以下规定：若在授予日前公司发生送红股，公积金转增股本，股票拆细、配股或缩股等事项，应对拟授予限制性股票数量进行相应的调整。调增后，预留部分的限制性股票数量为635.2万股。

激励对象为高级管理人员、重要管理人员、核心技术人员、业务骨干，共220人。本次授予部分的限制性股票锁定期为自授予日起12个月，在锁定期内激励对象根据激励计划授予的限制性股票被锁定，不得转让。

总之，预留股份对于企业来说是至关重要的，不仅可以起到延期激励的作用，还有利于企业未来人才战略计划的实施，促进企业长久持续健康的发展。

第六章

分股合心：管理者的股权激励

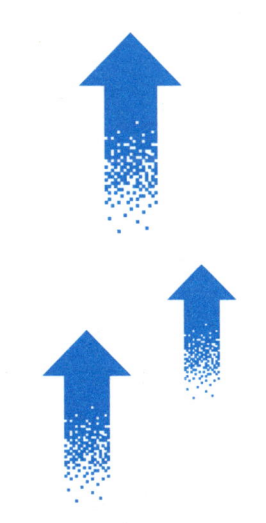

针对核心高级管理者的激励机制——超额利润分享

现在，很多企业都采取了针对核心高级管理者的超额利润分享法，原因很简单，这有利于提升企业的年度业绩，刺激管理层明确责权、充分发挥其积极性与主动性。努力工作，多创造业绩，自然就会多获得收益。

什么叫作超额利润分享？打个比方，某企业设定的年利润指标为1000万元，那么这1000万元就是一个标准，是我们的保底目标。如果当年利润超额完成，实现了1300万元，那么超出的300万元这部分就是超额利润。

完成保底目标，管理者可以获得正常的工资和年度奖金，而对于超额利润的分配，创始人或大股东为了激励员工，就可以拿出一部分比例作为激励标的来授予管理者。

可以说，超额利润分享就是一种利润分成的激励方式，激励对象只获得相应股份比例的分红权利，比如持有公司12%的股权，便可以获得12%的分红，但是没有投票权及所有权。

那么，超额完成业绩目标，公司给予激励对象分红，没有完成利润目标是不是需要激励对象给予公司补偿？是的。相关法规规定，业绩奖励安排应基于标的资产实际盈利数大于预测数的超额部分，就是说激励对象不能完成目标利润，那么不仅拿不到分红，还需要对公司进行补偿。需要注意的是，这需要事先约定，以避免产生纠纷。

在进行超额利润分享时，利润目标的设定并不是随意的，不是说创始人想要定多少就定多少，也不是创始人与激励对象简单商议之后确定就可以了。利润目标的设定需要根据企业自身的经营状况、利润水平来确定。

A企业成立于2010年，2013年的利润目标为500万元，且超额完成这个目标。那么，2014年的利润目标需要根据2013年的利润目标来计算，具体计算方法是：500×（1+6%）×（1+30%）=689万元。其中，6%是无风险利率，30%是企业发展的增长比例。

所谓无风险利率，是指企业投资某一项项目，没有任何风险而能得到的利息率。它一般为当年的通货膨胀率，数字在6%～8%。而这个企业发展的增长比例，是经过创始人与激励对象沟通制定的，需要双方达成共识，创始人可以接受，激励对象也有足够信心完成。这个比例不能太高，也不能太低。太高，完成有很大难度，无法取得预期的激励效果；太低，能轻松地完成，则有损公司与股东的利益，同时不利于企业长期发展，无法激发员工创造最大价值。企业发展的增长比例，与企业所处行业的平均增长率也有一定关系，通常企业会用行业数据作为参考。

其实，这种确定利润目标的方式，与企业上年实现利润水平相联系，大多数企业都采取这样的确定方式。

西安一家饮食股份有限公司在推行超额利润奖励的时候，就以上一年度的净利润值为基数，按照20%的提取比例从本年度净利润增长额中提取奖励总额。同时，董事会依据公司的经营实际，每年对于超额利润提取的基数和比例进行了调增。

除此之外，还有一种确定方式，就是以本年预算利润目标为准。

海南一家药品股份公司在推行超额利润奖励时，是以公司当年的主营业务利润完成率为标准。公司规定当年实际完成主营业务利润超过预算时，便可以按照超额部分的10%对激励对象进行激励。

利润目标的设定必须合理，为了公司的持续发展以及竞争力的提升，它一般要高于行业平均增长率，且符合企业的战略规划需求。这个目标一旦确定，除非出现特殊情况，否则是不能轻易改变的。随时变动目标，那么这个目标的制定就没有任何意义了，不仅不利于公司的发展，还会严重挫伤员工的积极性。

需要注意的是，以上激励的奖金都是来源于超额利润，一般来说适用于非上市公司的几乎各个阶段，而且也非常受股东们与激励对象的欢迎。但是，市场环境是瞬息万变的，受到种种因素影响，企业可能出现利润缩减、公司流动性资金短缺，导致账面上没有钱进行超额利润分配的情况，这时应该怎么办呢？是不是就可以不给激励对象分红呢？

当然不行。这种情况下，企业可以采取分红递延支付法，就是分期支付奖金的形式。

某公司推行超额利润分配计划，并且当年超额实现利润，需要给予几位核心高级管理者每人100万元的奖金。但是，虽然企业的利润提升了，现金流却出现问题，账面上没有足够的资金。于是该公司采取分红递延支付的方式，即先支付50%奖金，剩下的50%则延期分次支付。如果第二年激励对象没有离职，那么不管公司是不是进行利润分配，他们都可以获得30%奖金，第三年获得余下的20%奖金。

但是，如果激励对象选择离职，那么就等于自动放弃剩余的分红。事实上，这也加强了对激励对象的约束，避免其出现短期行为，或者业绩造假。

总的说来，针对核心高级管理者推行超额利润分享计划，可以长期将核心岗位关键人才和公司的利益关系捆绑起来，起到长期激励的作用。如果将这种方式和员工持股计划有效地结合，可以促使股权激励真正落地，促进企业实现长期健康发展。

在职有分红，不在职就没有分红

对于公司中高层管理者，公司还可以采取在职分红的激励模式，即激励对象达到约定的条件，且公司实现盈利的前提下，可以按照约定股份比例分享公司可分配利润。这种方式也被称为"身股"，是没有经过工商注册的，只有分红权，没有投票权、决策权、转让权或继承权。员工在职时，可以享受分红，一旦离职，自然无法再获得分红。

在进行股权激励时，员工不需要出资购买就可以自动获得在职分红股。公司可以采取与实股同股同分红权的形式，也可以采取有限分红权的形式。这种形式可以增强中高层管理人员的归属感，因为其不仅能获得薪酬、实股增值，还可以享受公司利润分红，切实享受股东权益，这样一来，他们将把公司的事业当成自己的事业，不断发挥其个人价值。

在职分红激励这种方式，也并不是创始人想实施就可以实施的，它需要有一定的前提条件。首先，公司必须是盈利的，同时，公司的实际达成利润不低于利润激励基点的80%。所谓利润激励基点就是公司股东会决定的公司当年经审计的某一具体净利润数额，如果这个数额为1000万元，那么实际净利润则不能低于800万元，否则不能实施在职分红激励。

在职分红激励看起来比较简单，就是当公司的实际利润超出利润激励基点之后，拿出一部分利润对特定对象进行激励。但是，在实际操作中也存在着一些难度，如果把握不好，激励效果就会弱化，甚至起到反效果。

例如，如果选择了错误的激励对象，激励效果就不明显。从表面上来看，这是针对岗位来进行激励的，但实际上针对的还是人。因此在选择激励对象时，我们需要考虑哪些岗位的哪些人直接关系到公司利润、业绩的提升，同时需要考虑激励对象的职务级别和工作年限。

一般来说，我们需要选择公司的核心骨干人员，其在业绩上有突出表现，作出过突出成绩，或是在关键岗位能发挥关键作用；同时，必须考察其是否认可和践行公司价值观。有些中层管理者业绩非常突出、能力很强，但是对公司价值观不认可，那么也不能把选为激励对象。

在选激励对象时，我们还需要设定科学合理的考核目标，比如设定三年以上目标，根据公司业绩指标考核和个人绩效指标考核来进行综合考量，优先选定绩效优良的激励对象，而不是只要在这个岗位就给予激励。

某公司近几年业务不断扩展，规模也随之扩大，公司产值达到了3000万元。但是，公司却面临一个大问题，就是核心管理层流动性大，近几年就有三名高级管理者选择离职，这导致公司客户大量流失，业绩受到严重影响。

为了解决核心管理者频繁离职、核心团队不稳定等问题，公司创始人决定采取在职分红激励法，对于核心管理层进行股权激励。其激励方案如下：企业当年的利润目标为500万元，如果实际利润不低于目标利润的80%，即400万元，那么就对核心管理层进行在职股分红。同时，企业实际利润的70%留存企业发展，30%用于分红。

激励对象为部门经理以上的关键岗位，且满足入职年限、通过业绩考察的人员。即公司总经理1人，副总经理2人、运营总监2人、各部门经理4人。

在职股赠予条件包括公司绩效指标达标和个人绩效指标达标。公司绩效指标：指标完成率大于85%，系数为1；完成率小于85%且大于70%，系数为0.7；小于70%，系数为0。部门指标，部门指标完成率大于85%，系数为1；完成率小于85%且大于70%，系数为0.7；小于70%，系数为0。价值观，一票否决制。自律项，一票否决制，不超过规定的违纪此次数。个人绩效指标：考核成绩在B等以上（含B等），或者绩效考核分数在70分以上。

激励计划规定，在职分红股的额度等于计划赠予的职务在职分红股额度×职务考核系数。同时约定了退出机制，如果激励对象出现主动辞职、退休、病故、因公殉职或被公司辞退等情况时，那么自动取消在职分红股。

经过这次股权激励，该公司核心管理团队稳定性加强，离职的现象明显减少，同时员工的积极性、主动性得到提高，公司业绩与利润大大提升。

那么，我们如何来制定在职分红激励计划呢？其实，只要遵循以下六个步骤即可，如图6-1所示。

```
第一，设定目标利润            第四，确定激励对象激励个量
第二，设定激励总额度          第五，确定考核机制
第三，确定激励对象            第六，确定退出机制
```

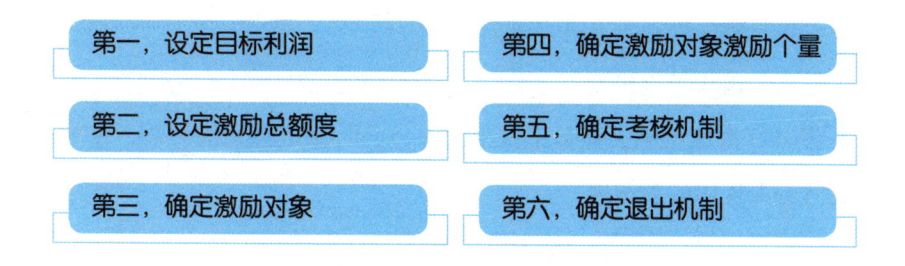

图6-1 制定在职分红激励计划六步法

第一，设定目标利润。

目标利润的设定要合理，要根据企业自身情况并与上年度的实际目标相结合。

第二，设定激励总额度。

一般来说，激励总额度应视公司自身的情况来确定，可以是10%，也可以是30%，甚至更高，但是需要根据公司的规模、利润总量、激励人数的多少来确定，不能太高，也不能太低。太高，会给公司造成现金流的压力；太低，激励力度不够，也就失去了意义。

第三，确定激励对象。

激励对象一般为公司的核心管理人才，技术、营销方面的核心骨干，如果企业规模大、组织架构完善，可以适当加大激励范围。

第四，确定激励对象激励个量。

这个过程中需要对激励对象进行考核，遵循公平性、激励性原则，即要考虑不同层级的岗位、不同性质岗位的差别，利用专业工具对岗位价值、个人绩效进行评估，同时也要考虑股权的价值。

第五，确定考核机制。

即制定配套相应的考核机制，不仅对激励对象进行选择，同时对其进行约束，确保激励效果的实现。

第六，确定退出机制。

设计好退出机制，让员工得到利益，同时保证公司的利益，才能让激励计划发挥出最大作用。

针对核心高级管理者的激励机制——管理层收购

管理层收购，也称为经营层融资收购，是指公司管理层利用高负债融资购买本公司的股权，实现持股经营，进而改变公司所有者结构、控制权结构和资产结构，实现管理层与公司利益、股东利益的统一。

收购资金来源于两个部分：一个是内部资金，管理层自筹的资金；另一个是外部资金，即通过债券融资或股权融资所获得的资金。一般来说，管理层收购的主体是本公司的高级管理人员，收购对象既可以是企业整体，也可以是企业子公司、分公司，甚至是一个部门。

当然，企业必须对收购资金来源进行审核，关注收购人是否提供借贷协议，是否就上市公司股份的取得、处分、质押及表决权的行使等与借款人或其他第三方存在特殊安排，是否披露该安排的具体内容。结合收购人过往的财务资料及业务、资产、收入、现金流的最新情况，关注收购人是否具备偿还能力以及偿还借款的资金来源，收购人是否具备收购实力，相关借贷协议是否真实、合法。

管理层收购模式有优点也有缺点，优点主要体现在以下两方面：第一，管理层在完成收购后成为公司的股东，直接或间接地成为公司的控股股东，实现管理权与控制权的高度统一。促进管理层的利益与公司的利益紧密地联系在一起，经营者不再追求个人利益、公司短期利益，而是以追求公司长期利益最大化作为目标；第二，因为收购了部门、分公司，管理层获得大量的股权收益，因此，可以在长时间内保持创业激情、奋斗精神，为企业创造更大价值。

管理层收购模式的缺点体现在以下两方面：第一，收购需要大量资金，如果处理不当，会导致收购成本的增加，甚至造成管理层付出巨大代价；第二，收购后公司如果不及时调整治理结构，那么就可能导致内部管理混乱，使竞争对手有机可乘。

管理层收购在国外已有20多年的历史，且曾经风靡一时，近些年在我国才开始逐步兴起。2003年前后，国内许多企业都试行了这一模式，如新浪、宇通客车、粤美的、深圳方大、佛塑股份等上市公司。

2009年9月28日，新浪宣布推行管理层收购计划，以CEO曹国伟为首的管理层，以约1.8亿美元的价格，购入新浪约560万普通股，成为新浪第一大股东。

新浪是中国四大门户网站之一，在互联网行业拥有广泛的影响力。但同时也因为其独特的股权结构导致CEO更换频繁，以及存在资本逐利者不断闯入的问题。这些人或者在获得高资薪酬后就选择离职，或者因为不适应而退出，导致新浪在一段时间内问题重重，而管理层收购的实施才真正解决了这一问题。

在收购计划中，曹国伟用心设计了一个"加长杠杆"的管理层收购方案。首先在英属维尔金群岛注册成立新浪投资控股作为杠杆，以法人的名义展开收购活动。新浪的管理团队作为新浪投资控股的普通股股东出资5000万美元，管理团队包括CEO曹国伟、首席财务官余正均、首席运营官杜红、执行副总裁陈彤、副总裁兼无线事业部总经理王高飞，以及产品事业部总经理彭少斌。同时中信资本、红杉资本、方源资本三家私募基金作为优先股股东出资5000万美元；美林证券提供贷款5800万美元。之后，新浪向新浪投资控股定向增发560万股普通股，总股本从5394万股增加到5954万股。增发结束后，新浪投资控股拥有新浪总股本的9.14%，拥有相对控股权。

关于收购价格，应该与股票市场价格保持一定的比例关系。同时，作为收购者的管理层，因为决定了企业的日常经营与决策，在一定程度上也影响了收购价格的确定。在本次收购中，CEO曹国伟先是以每股45.0美元的高价抛减个人持有的50万股股票，之后以每股32.14美元的价格购入560万股普通股，这样一来也就有了利用职务之便为自己谋利的嫌疑。因为管理层大量抛售本公司股票会导致股票的短期下跌。

管理层收购后，企业减少了股权激励报酬机制的使用，因此代理成本有所降低，公司价值大大增加。新浪股票涨幅超过14%。投资者对新浪有了信心，一些机构也调高了对于新浪的信用评级。同时管理层收购在一定程度上改善了新浪的公司治理结构，解决了股权过于分散的问题，更有利于企业长期的战略规划以及管理层的决策行为。

因此，新浪的管理层收购是成功的。而之所以成功的原因在于在进行管理层收购之前，新浪的自由现金流量稳定，管理层对公司业务熟悉、贡献大、团结一致、有很好的合作心态。同时，新浪股权高度分散，企业一直想解决这个问题，也因为这个原因，使得收购费用并不是特别高。另外，曹国伟选择了合适的融资渠道，这为管理层收购的成功提供了有力的资金支持。

管理层收购让管理者从打工者变成了企业股东，并且掌握了公司控制权，能够极大地提升其积极性、主动性，起到长期激励的作用。但是，需要注意的是，根据研究，管理层收购完成五年后，如果目标企业原先为上市公司，那么企业就经历了下市、重组和重新上市的过程；如果目标企业为非上市公司，那么就经历了重组、上市，最终实现资本退出。

另外，企业需要加强监督管理，避免管理层出现挪用公司资金、将公司资金以其个人名义或者以其他个人名义开立账户存储、违反公司章程的规定，未经股东会、股东大会或者董事会同意，将公司资金借贷给他人或者以公司财产为他人提供担保、接受他人与公司交易的佣金归为己有、违反对公司忠实义务的其他行为等，降低管理层收购风险，尤其是降低管理层利用操纵股价的方式来谋取公司资产的风险。

针对核心高级管理者的激励机制——"135渐进式"激励法

针对核心高级管理者的股权激励需要循序渐进，充分调动其持续的激情与积极性，让他们作出长期贡献。因此，激励的同时，相应的约束也是不能少的，只有约束力得到了提升，激励效果才更加明显。

"135渐进式"激励法是国际通用的股权激励标准，也是大企业通常都会采取的方式。什么是"135渐进式"激励？简单来说，"1"是1年在职分红，"3"是3年滚动考核，"5"年是5年锁定。

具体来说，1年在职分红，分的是虚拟股，企业可以按照岗位价值评估方法，先预设一个额度，通过评估期后对其进行在职分红的激励。当然，并不是核心高级管理者入职企业之后，便可以立即进行股权激励，而是需要在职半年或1年之后，并且能力、素养、绩效等各方面都符合要求的情况下，再进行激励。

3年滚动考核，即连续3年对激励对象进行业绩考核，达到考核要求后，将对其实施股东股票期权计划，或者给予一定比例的注册股。因为注册股是企业最珍贵、最稀缺的资源，应该给予真正有能力并且愿意跟随企业长期发展的高级管理者，这样一来，才可以促进企业的长期稳定发展。

5年锁定，指确定5年持股锁定期，之后分期行权、逐步解锁。锁定期内，激励对象不能将所持的股票转让出去。虽然解锁可以变速，但匀速是相对来说较为合理的。虽然股权管理起来比较烦琐，但是更有利于定期评估员工业绩，把员工利益与企业利益长期地联系在一起。

进入锁定期后，创始人需要考虑几个问题：激励对象购买股份的定金额度以及性质；在什么情况下，可以终止对核心高级管理者的激励；如果激励对象已经全款购买公司股份，但是中途想要退出，又应该怎么处理，等等。只有处理好这些问题，才能有效激励与约束激励对象。

可以看出，当企业采取了"135渐进式"激励法后，即利用8年的时间可以实现对核心高级管理者的长期股权激励，将其从一名员工、职业经理人，转变成企业真正的合法股东、注册股东，使其为了企业长远的规划和更宏伟的愿景目标而奋斗。

周末是一家网络科技公司的创始人，拥有公司100%的股份。公司主要是做手机应用软件开发业务的,随着智能手机的火爆,年轻人对于各种手机应用软件的追捧,其业务发展非常迅速。为了实现扩张,吸引更多优秀人才,也为了提升员工的工作积极性,留住更多核心优秀人才,他决定对公司的核心高级管理者推行股权激励。

经过深思熟虑之后,周末决定采取"135渐进式"股权激励方案,激励对象包括公司总经理、副总经理、技术总监、市场总监、销售总监五位核心高级管理者。首先,对激励对象进行在职分红激励,完成个人对应的绩效指标的人员可以拿到虚拟股份,年底可以参与分红,其虚拟股份的授予数量为:总经理6%、副总经理4%、市场总监2%、销售总监2%、技术总监2%。

三年后,激励对象都完成业绩考核,可以将50%的虚拟股份转化为实股,剩余部分仍然享有分红。激励对象购股的资金来源为当年红利,如果其分红数额超过购股的所需资金,剩下的部分及时发放;如果不够支付购股所需资金,则可以延迟两年补齐。其购买价格以当期股份评估价格的5折为标准。

激励对象获得公司实股后,进入五年锁定期,期间股权会逐步释放解锁,采取匀速解锁的方式,即每年解锁20%。同时,周末确定了退出机制,激励对象因为个人原因离职或因为其他原因不能继续担任职务,解锁的股份需要卖给公司,售卖价格以当期价格为准。未能解锁的部分以及剩下的虚拟股,激励对象需要自动放弃,但是公司将返还购股资金。

进行股权激励后,周末的核心管理层团队更加稳定,其凝聚力、积极性得到充分提升,促使公司产品的创新性、公司业绩都飞速提升,进一步扩大了市场份额。随后,公司因为发展潜力巨大、核心团队稳定,迎来外部风险投资人的投资。有了风险资金的加持,公司迅速成为行业内的佼佼者。

综上所述,"135渐进式"激励法对于核心高级管理者的激励是非常有效的。但是,创始人也需要注重一个问题,那就是必须有远见,基于长期主义进行合理规划,否则激励计划再好,激励对象无从发力,也无法实现企业的腾飞。

除此之外,实施"135渐进式"激励法时,创始人还需要注意三个问题,如图6-2所示。

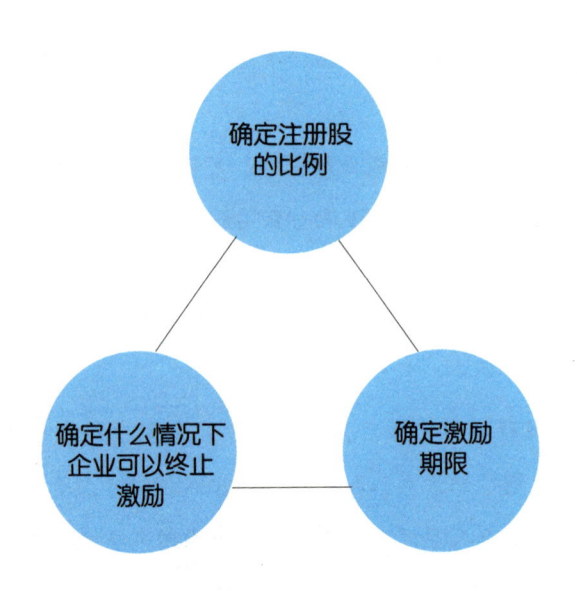

图 6-2 实施"135渐进式"激励需注意的问题

第一,确定注册股的比例。

假设公司总共有100万股,第一年激励对象拿到的激励股数为10万股,第二年拿到的股数为8万股,第三年拿到的股数为7万股。那么,个人累计所获得激励股数总量为25万股,平均每年约为8.3万股。

这时,公司总股数为125万股,个人所获得的激励数量占总股本的为

7.16%，那么公司就需要确定这个数值为给予激励对象的注册股份比例。

第二，确定什么情况下企业可以终止激励。

一般来说，出现以下情形之中的任意一种，创始人都可以终止股权激励：

激励对象因不能胜任工作岗位，违背职业道德、失职、渎职、严重损害公司利益或声誉等原因而被降级、降职；

激励对象有泄露公司机密、损害公司利益、与外部人员进行不正当交易的行为；

激励对象私自开设与公司业务相同或相近的公司；

激励对象主动离职或因个人原因被公司辞退；

激励对象伤残、丧失行为能力、死亡等；

激励对象违反国家相关法律法规，有被刑事处罚的行为；

锁定期内公司发生公司重组、兼并、转让、被收购等重大变化等。

第三，确定激励期限。

实施"135渐进式"激励时，整个激励期限是8年，而不是9年。后面的3年考核包括了之前的1年在职分红期间的考核。

合伙人制度——有效激励而不失控制权

合伙人制度是现代企业的一种治理机制，其设计包括了股权、分红权的分配，因此也是企业进行股权激励的一部分。只是，股权、分红权方面的激励并不是合伙人激励的全部，它还包括了薪酬方面的激励。

合伙人制度与普通的股权激励模式是有一定区别的，且它有一定的优势。对于合伙人来说，因为做的是自己的事业，实现的是自己的抱负，因此更加不遗余力地去经营和管理企业。而对于企业来说，把激励对象发展成合伙人，升级与优化了组织模式，才能真正地践行合理的股权激励，避免留下结构性风险。

事实上，很多企业实施了股权激励，但是员工并不认可，或者员工不认可公司股权的价值，或者员工为了利益而套现离职。曾经有一些A股上市公司的高级管理者，被列为企业股权激励对象，然而等到行权之后，却纷纷套现离职，导致企业损失严重。

在对高级管理者进行股权激励时，我们需要引入合伙人制度，将两者完美地结合起来。企业吸引优秀的合伙人，或者把员工发展成为合伙人，然后给予大力度的激励，那么就可以留住人才，激发其积极性。当原有合伙人团队注入新鲜血液，还可以促进企业内部竞争，激发原合伙人的热情和竞争意识。同时，有效的股权激励给予激励对象的不是股权，而是通过创造增值分享收益权。合伙人获得一定比例股权，尤其是技术入伙的合伙人，只有分红权，没有股权，没有管理权。到了企业发展中后期，业绩提升越来越稳定，组织结构越来越完善，只有对合伙人进行股权激励，给予其股份和"权力"，才不至于发生内部矛盾，甚至导致其出走。

合伙人制度可以分为三类，即股份合伙、事业合伙以及业务合伙。

股份合伙就是合伙人投资并拥有公司的股份，成为公司股东，参与公司经营并承担经营与投资风险，享受股份分红。最常见的形式就是几个人共同出资、经营，也就是我们所说的合伙创业，其股份是按照出资多少来决定的，投入资金比较多的创始人，获得更多的股权。

ABC三人共同出资创业，公司由三人共同经营，公司注册资金为1000万元，A出资500万元，B出资200万元，C出资300万元，那么三人持股比例分别为50%、20%、30%，均为创始合伙人，其权利、责任、利益也因为持股权比重不同而有所区别。根据其股权分配比例，A为大股东，对公司有控制权。

事业合伙，就是建立共识、共担、共创、共享的合伙理念，将经理人从打工者转变为合伙人，促使其为了大家共同的事业而奋斗。它包括两大类：一是项目跟投，就是公司拿出一项业务、产品、项目、区域等可独立核算的经营体，与员工共同投资、共享利润、共担风险；一是内部员工持股计划，就是公司把员工发展成合伙人，全体合伙人出资认购公司的虚拟股份，然后依照公司整体盈利来进行分红，同时共同承担风险。

业务合伙，是指经营团队独立自主开拓与自信业务，享受团队经营所得利润；或者在公司确定的业绩、利润基础上，经营团队对实现的增值部分进行利润共享。

这里我们着重讲解事业合伙。事业合伙人之间是平等的，秉持共担共享的原则，合伙人获得股份或分红权，成为公司股东。事业合伙人可以分为以下四种模式，如图6-3所示。

第一，创始人模式。

这里的合伙人就是企业的创始人股东，例如，小米、腾讯等几位创始人都有合伙人头衔。他们认同公司目标，看好公司发展前景，愿意共担风险，同时有创业者心态，愿意拿低工资，更愿意把事业做大做强。

- 第一，创始人模式
- 第二，企业精英模式
- 第三，管理团队模式
- 第四，全员合伙模式

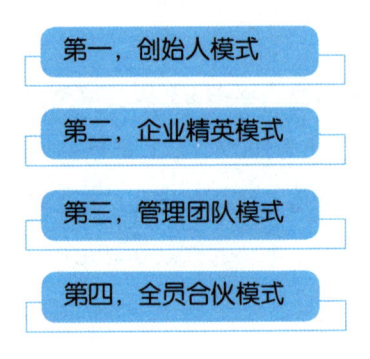

图6-3 事业合伙人的四种模式

第二，企业精英模式。

这里的合伙人是由对企业未来发展有至关重要的核心精英人才构成，团队中的合伙人各有各的才能，彼此互补，可以在团队在发挥最大价值。

阿里巴巴便采用了事业合伙人制度。1999年9月，马云与18位创始人在杭州正式成立阿里巴巴，蔡崇信作为联合创始人，以正式合同的形式，把最初的"十八罗汉"的利益捆绑在一起。2009年9月，马云宣布阿里巴巴采取合伙人制度，合伙人持有公司一定股份，但是在60岁退休时或离开公司时同时退出合伙人（除了马云、蔡崇信永久合伙人之外），不再持有股份。

合伙人由公司内部30名具有不同业务能力和背景的高层管理人员组成，共持有公司14%股权，合伙人几乎覆盖了所有层面，负责的内容包括交易系统、技术、业务、财务、人力以及法务。

与其他公司的合伙人制度不同，阿里巴巴的合伙人并不是公司的经营管理机构，合伙人会议的主要权力是董事会成员候选人的提名权，拥有人事控制权，而不是直接管理权。其任职要求则是在公司任职满五年以上，具备优秀的领导能力，高度认同企业文化，对公司发展有突出贡献，愿意为公司文化与使命传承竭尽全力。

第三，管理团队模式。

这种模式合伙人的范围比较广，包括企业的创始人、核心高级管理者、中高层管理人员。采取这种合伙人模式，不仅可以打造出一支共同承担责任、共同创造利益的管理团队，还可以通过股权改造来掌握对公司的控制权。

万科采用的就是管理团队模式，2014年，万科召开股东大会，把1320名中高层管理人员变成首批事业合伙人。主要有两种做法，一是项目层面的跟投合伙制，二是集团层面的合伙人持股计划。

万科给予合伙人股权激励，其数量占当时总股本的3.26%。这种合伙人制度改革不仅激发了管理团队的主人翁意识，提升了中高层管理人员的工作热情和创造力，同时还将公司业绩、股市表现、投资风险与员工利益联系在一起，促使合伙人与企业形成利益、事业、命运共同体。

第四，全员合伙模式。

全员合伙模式就是把所有员工都发展成股东，实现全员持股。华为、小米就是采取了这种模式。

随着公司发展规模扩大，管理要求科学高效、精益求精，我们需要对高级管理人员进行股权激励，同时也需要把其发展成合伙人，进而保证核心队伍的稳定性，同时还能激发其积极性、凝聚力，把企业越做越大。

引入合伙人，股权分配很重要

对于任何一个企业来说，股权分配都非常重要。分配不合理，容易出现股权纠纷，这时候无论产品再好、业务前景再光明，都可能是竹篮打水一场空。所以，作为创业公司，几个合伙人共同创业也好，作为发展成熟的公司，引入核心高级管理者参与合伙也罢，都需要做好股权设计，科学合理地分配股权。

首先，合伙企业安排股份时，最好采取奇数原则，即选择三名、五名合伙人。有三名合伙人时，其中两名处于优势，另一名处于劣势。同时，合伙人之间的股权不可以平均分配，最佳股权架构应该是一人持有最大股，最大股股东所持有的股权需要超过50%，并且拥有公司的最终决策权。否则一旦出现纠纷，就会造成创业失败的局面。

"真功夫"的失败就是源于股权纷争，而股权纷争的根源就在于股权分配不合理——股权均分。1994年，蔡达标、潘敏峰和潘宇海合伙成立一家名为"168蒸品店"的中餐店，三人的股权比例分别为25%、25%、50%。当时，企业经营以潘宇海为主，潘敏峰管收银，蔡达标做店面扩张，事实上潘宇海掌握企业的主导权、控制权。

因为特色经营，生意越来越好，不断开设分店。"168蒸品店"更名为"真功夫"，公司迅速发展壮大，分店开到全国各地，业绩明显飙升，成为当时中国最大的中式快餐连锁品牌。

因为蔡达标、潘敏峰夫妇离婚，潘敏峰将自己25%的股权转让给蔡达标，也就是说，从这时起，蔡达标与潘宇海两人的股权是均等的，各占50%。但合伙人结构与股权结构都不合理了，没有了大股东，就没有人可以有最终决策权,这也为公司的分崩离析埋下了伏笔。

2007年,"真功夫"进行风险融资,以寻求上市的时机。当时企业估值高达50亿元,两家投资机构各投1.5亿元,各占3%股权,蔡达标和潘宇海的股权比例摊薄到47%。而为了成功上市,蔡达标决定引入职业经理人,促使企业彻底摆脱"家族化"的管理模式。这虽然对于企业来说是有利的,但是在潘宇海看来,蔡达标的目的是架空自己,从而争夺企业的控制权。原因很简单,投资人都支持蔡达标,力图让其处于企业经营的核心地位。此外,多名与潘宇海关系密切的中高层离职或被辞退,使潘宇海被进一步边缘化。

两人矛盾一触即发,加剧了两人之间的股权之争。结果,经过长时间的博弈与争斗,潘宇海将"真功夫"告上法庭,蔡达标因为拒绝大股东查账审计违法行为被警察带走,锒铛入狱。

最后,虽然潘宇海赢得胜利,但是"真功夫"元气大伤,不仅上市失败,企业发展几乎停滞。

所以,不管采取哪一种合伙模式,合理的股权架构都是最关键的。除了避免均分,我们还需要避免一股独大的情况出现,比如创始人持有90%股份,而其他合伙人持有10%股份。这确实能够保障创始人对公司有绝对控制权,但是可能造成团队的不稳定,无法让其他合伙人与创始人同心同力。同时,因为股权过于集中,很容易形成"一言堂"的局面,什么都是创始人说了算,董事会、股东会形同虚设。一旦创始人一意孤行,过于激进,就会加大其经营决策的风险。

那么,是不是股权越分散就越好呢?当然不是。股权分散有一定的好处,但前面我们已经介绍,股权过于分散,不利于公司的管理经营,很难形成快速决策机制,也影响企业快速发展。同时,创始人股权不断被稀释，一旦有人恶意收购其他小股东的股权，创始人就可能失去对公司的控制权，从而被踢出局。

  1994年万科改制，王石带头放弃40%个人股权，作为创始人与董事长，王石与郁亮等管理层的股权加起来只占了约1%。虽然万科多次通过增发向市场筹集资金，原第一大股东也从地方国资变为央企华润，但占比也只有15.23%，不是控股股东。因为股份极度分散，华润又极少插手公司，所以万科管理层成了万科的实际掌控者。

  然而，后来出现了宝能、恒大大量收购万科股份的情况，宝能斥资数百亿收购万科A股，并成为万科第一大股东；而恒大于2016年8月开始买入万科A股，并通过不断增持成为万科第三大股东，占了万科总股本的14.07%。自此，宝能、深铁、恒大成为万科前三大股东，分别持有股权25.4%、15.31%、14.07%。

  在这个过程中，王石凭借着创始人的身份与个人魅力力挽狂澜，保住了万科管理团队的稳定，但是因为股权分散的问题，企业面临着一次次危机。在资本市场变化莫测的今天，谁也不能保证其无往不利。

  因此，企业在设计合伙人制度的股权时，需要遵守利益平衡的原则，尽量保证创始人、大股东的绝对控制权，避免均分、一股独大。同时，股权结构要简单明晰，避免引发股东内部的冲突与矛盾。

对于企业上下游资源，也可以进行有效激励

除了公司内部高级管理层人员和员工外，公司外部上下游企业也需要被考虑列入股权激励的对象范围，比如上游的供应商、下游的经销商以及其他战略合作伙伴等。因为不管企业规模有多大，经济实力有多强，其自身资源也是有限的，不可能仅凭一己之力就搞好整个产业链。所以，我们在生产经营过程中需要对上下游资源进行整合利用，充分调动各方的积极性，将其与公司紧密地捆绑在一起。而对于上下游资源进行股权激励，就是一种非常好的方式，可以促使其给公司带来更多的资源和市场。

国内著名鞋类品牌百丽通过股权激励的方式将上下游合作伙伴联系在一起，形成了一体化的业务模式和发展战略，进而促进企业成为行业佼佼者，并且打造了属于自己的鞋业商业帝国。

1992年，百丽刚刚创立时，只是一家资产200万港元的小工厂，设计好鞋子后找工厂生产，销售量上去后开始开设旗舰店。旗舰店的业绩也非常不错，于是便开始在全国各地整合销售渠道，希望能快速扩张、最终发展上市。

对于小工厂来说，整合销售渠道并不是容易的事情。于是，百丽的掌门人邓耀开始尝试对经销商进行股权激励，让他们成为百丽的股东。当时百丽在全国有55家核心经销商，邓耀根据其销量、每年完成计划的情况来授予股份，因为百丽是非上市公司，所以给予经销商的都是原始股。

当经销商从合作伙伴成了百丽的股东，每卖出一双鞋，不仅能赚一笔差价，还能有机会赚到一份期权，于是经销商的积极性便被充分调动起

来，百丽非常迅速地将下游的销售渠道整合起来，为之后的迅速扩张奠定了良好基础。

经销渠道的问题解决了，接下来就要解决扩大产能的问题。销售量上去了，如果产能跟不上，那么一切都是空谈。于是，邓耀开始寻找上游供应商，百丽总经理亲自到福建、厦门一带寻找专门做鞋子的工厂，游说他们与百丽合作。合作方式是，百丽兼并工厂，不是用资金，而是用股权。兼并之后，工厂成为百丽准上市公司的股东，如果百丽不上市，工厂可以拿走应得利润；如果百丽上市，那么工厂的收益就更加可观了。

在合作中，百丽负责产品研发和设计，工厂只负责生产，产品必须由百丽包销。同时，百丽提出了要求，一是百丽要派品质总监到工厂监工，对产品的质量进行把关；二是百丽要派财务总监监督工厂的财务，工厂所创造的利润51%归百丽，49%归工厂。

正是因为百丽对上游供应商、下游经销商进行了有效整合，这才迅速提高其产能与销售额，再迅速占领商场和街边店等零售渠道，最终于2007年5月百丽成功在港交所上市。上市之初，百丽的市值高达670亿港元。

2013年百丽进入最辉煌的时期，全国的门店数量多达两万家，市值超过1500亿港元，成为中国最大鞋履零售商，也赢得了"鞋王"的名号。

对企业上下游资源进行股权激励，是企业发展的关键一步。它不仅为企业提供了良好的生存环境，同时使企业与上游的供应商、下游的经销商以及其他战略合作伙伴共生共长，形成了庞大的商业产业生态链。彼此成为利益共同体，自然就更愿意提供资源、压缩成本，进而最大限度地完成业绩目标。

百丽这种对于上下游资源进行股权激励的方式，属于横向平行上的合作，就是把供应商、经销商都"收过来"，合资打造一个新公司，大家在这个平台上进行合作。除此之外，还有两种方式，一是向下区域性合作；二是直接持有主体公司的股份。

向下区域性合作就是销售公司和经销商针对某个区域或者产品成立合资公司，通过这个平台来销售产品。华为、格力就采取了这样的合作方式，不仅有利于与经销商达成业务上的往来，也有利于减少经营风险。就算是合作失败了，也是小范围的，不会影响全局。

海尔则选择了另一种方式，即小的经销商和供应商可以根据销量直接持有主体公司股份，销量越好，持有公司的股份就越多。不过这种股份是虚拟股，不会影响主体公司的股权结构。但是因为经销商和供应商持有主体公司股份，有了一定的价值观、归属感，也可以与主体公司建立更加牢靠的合作关系。

最后，我们需要明白一点：对于上下游资源进行股权激励并不全是优点，其中也存在着一些风险，例如，经销商可能为了利益而发生短期行为，忽视市场推广，直接对产品进行低价销售，影响产品市场价格；经销商可能会盲目扩张，导致出现虚假繁荣的局面，进而影响企业长期持续发展。

明确优点，规避缺点，才能进行有效激励。

第七章

激励约束:有考核才是真激励

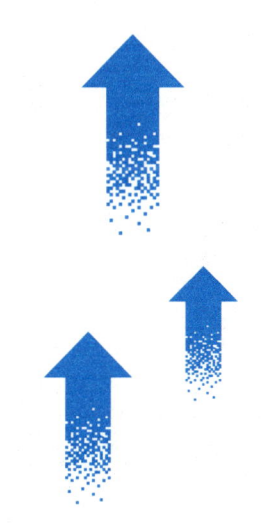

绩效考核都考核什么？

实施股权激励，让核心骨干团队努力积极地去工作，显然更需要"胡萝卜"，而不是"大棒"。很多企业管理者也重视绩效考核，想把它做好，但问题是这些管理者并不知道到底应该考核什么，结果导致绩效考核方案不合理。

其实，想要知道绩效考核到底考核什么，我们先要弄清楚两个原则：一是希望员工做什么，我们就考核什么；二是想要改善什么，我们就考核什么。员工岗位工作的完成情况和程度，工作任务是否完成及完成的好不好，其职责是否履行及履行的好不好，应该是需要考核的，这有利于提升员工积极性与企业的业绩。同时，公司需要员工在哪些方面有改善有提升，就在哪方面进行考核，这样一来才有利于公司关键和重要的事项有所提升，其竞争力、综合实力有所增强。

因此，绩效考核需要考核组织绩效（包括企业绩效、部门绩效、团队绩效等层面），同时还需要考核员工个人绩效。我们这里主要讨论后者。对于个人绩效考核，除了考核业绩，还要考核员工的工作能力、态度、价值观、周边绩效等。

业绩考核是对员工所承担岗位工作的成果进行的评估，考核内容主要包括工作质量、工作结果、任务完成度等；工作能力考核是在岗位要求的基础上，对员工在岗位上发挥出来的能力做出的测评，主要包括计划组织能力、决策领导能力、创新能力、沟通能力等；工作态度考核是指员工的激情、敬业、诚信、负责等。

企业在进行绩效考核时，通常分为管理层考核和基层员工考核两个维度。管理层考核主要包括敬业精神、领导能力、工作态度、工作业绩、遵规守纪、理论学习和综合素质等方面。其中敬业精神包括：爱公司，热爱本职工作，乐于奉献、勇于创新；工作态度：有强烈的责任感，以身作则、积极向上、大胆管理、勇于拼搏；领导能力包括：能合理组织部署工作、统一协调下属行动，思路清晰，有做出正确决定、激励下属工作热情、提升团队凝聚力的能力；工作业绩包括：完成公司管理和工作目标，落实公司工作纪律及规章制度等。

对于员工的考核主要包括敬业精神、工作态度、工作能力、遵规守纪、理论学习、团结协作和综合素质等方面，虽然考核内容与管理层大同小异，但是突出了勤奋努力、服从领导、听从指挥、坚决完成任务等方面。

另外，无论是对于管理层还是员工，关于价值观的考核都是非常重要的组成部分。我们知道态度并不等于结果，但态度会影响成果，所以企业管理层与员工是否具有良好的工作态度，是否认同企业的价值观发挥着非常关键的决定性作用。

众所周知，阿里巴巴非常重视企业文化与价值观考核，其价值观有六点：客户第一，员工第二，股东第三；因为信任，所以简单；唯一不变的是变化；今天最好的表现是明天最低的要求；此时此刻，非我莫属；认真生活，快乐工作。

对于员工的价值观考核和绩效考核各占50%权重，其结果直接关系到员工的奖金、晋升与股权激励。公司规定在价值观考核中，价值观得分如果低于18分，那么员工就没有资格参与绩效评定，奖金全额扣除；任意一项价值观得分低于1分，员工也没有资格参与绩效评定，奖金全额扣除。

除了要知道应该考核什么内容，我们还需要知道做好绩效考核应该坚持的五项原则，如图7-1所示。

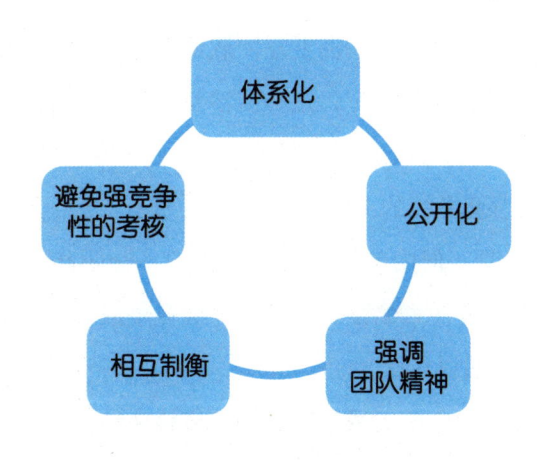

图 7-1 绩效考核五项原则

第一，体系化。

开展绩效考核，必须建立完善的绩效体系，否则没有任何作用，甚至会引起团队内部的不平衡。要建立体系，我们需要考虑绩效的目的是什么，以及绩效结果出来后如何奖优、如何罚劣等问题。

第二，公开化。

对于业绩的计算方式、考核的结果都需要公开，让所有员工了解自己与目标、与别人的差距，明白自己与别人因为什么而加分，又因为什么而减分。尤其是对于工作态度、团队精神的考核必须公开加分与减分的规则与理由。

第三，强调团队精神。

团队精神是至关重要的，因为部门之间、员工之间需要相互协作。在实施绩效考核时，我们需要对每个项目的总成绩进行评估，一旦项目总成绩差，那么参与其中的所有人员的成绩也好不了。所以，我们需要强调团队精神，加强团队成员之间的协作、团结与互助关系。

第四，相互制衡。

在进行绩效考核时，我们需要在团队成员之间形成一种制衡关系，例如项目经理与研发人员两方，这样能够使得考核标准趋向于一个比较合理的水平。

第五，避免强竞争性的考核。

团队精神重要，但内部竞争也非常重要，一团和气反而不利于整体绩效的提升。需要注意的是，必须避免强竞争或者"内卷"现象的发生，否则结果只能适得其反。

总之，做绩效考之前，我们需要明确应该考核什么，并且坚持以上五项绩效考核的原则。

绩效考核如何才能不流于形式？

科学合理地制定绩效考核制度，建立一套完善的绩效考核体系，让考核真正有效地运行且发挥其积极作用，这样才能为员工股权激励提供依据，有助于提升企业运营效率，提高团队的战斗力，为整个企业的发展保驾护航。

对于企业来说，绩效考核是关键，但前提是不能流于形式。如果绩效考核流于形式，成为摆设，或者沦为鸡肋，那么也就没有任何意义了。具体来说，绩效考核流于形式的问题主要体现在五个方面，如图7-2所示。

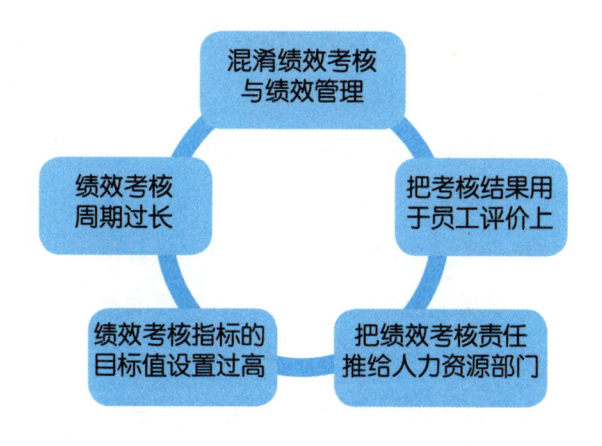

图 7-2　绩效考核流于形式的五种表现

第一，混淆绩效考核与绩效管理。

绩效考核和绩效管理，是完全不同的两个概念。然而，一些中小企业却搞不清楚什么是绩效考核，而把二者混为一谈，导致了执行上的混乱。

第二，把考核结果用于员工评价上。

很多企业的绩效考核之所以走进死胡同，是将绩效考核的结果用于对员工个人的评价上，这是错误的。企业中很多"事"，有的可以用数据来衡量，有的则不能。而对绩效的考核评价就是对"事"的考核评价，而不是针对员工个人。

用绩效考核来评价个人是不全面的，绩效考核只能评价某一方面，因此将其应用于评价个人会导致评价的不公正。

第三，把绩效考核责任推给人力资源部门。

绩效考核是整个公司所有部门、所有人的事情，而不是哪一个部门的事情。如果把绩效考核推给人力资源部门，那么工作肯定做不好，效果也会微乎其微。只有成立绩效考核委员会，或者专门的绩效考核领导小组，将绩效考核的各项内容合理分工，相关部门高效协同、责权分明，才能起到真正的激励与考核作用。

第四，绩效考核指标的目标值设置过高。

设置考核指标是为了激励员工，通过努力来获得相应的利益。指标目标值设置过低，会失去激励作用。但是，过高的指标目标值也是不合理的，一旦指标超过企业历史最好水平，或高出同行业平均水平太多，员工即使再努力也无法达成，那么员工的工作积极性就会受到打击和挫折，从而使绩效考核流于形式。

第五，绩效考核周期过长。

绩效考核周期是指多长时间对员工进行一次绩效考核。一般来说，把若干个业绩周期累积在一个月或者一个季度进行考核是合理的。但是，有些企业把绩效考核的周期设定为半年，甚至是一年，那么周期就明显过长了，一方面无法与月度工资奖金挂钩，另一方面也无法及时发现问题、进行调整。因此，这样的绩效考核肯定是不到位的。

另外，绩效考核不是万能的，不能将所有工作内容都纳入考核中，尤其是员工行为方面的表现，不能轻易列入其中，否则绩效考核就失去了原本的意义，无法让管理者抓住最关键的东西，也容易导致选择错误的激励对象。

出现以上问题，企业的绩效考核便容易流于形式。想要避免这种现象的发生，真正让其考核落地执行，我们必须做好以下四项工作，如图7-3所示。

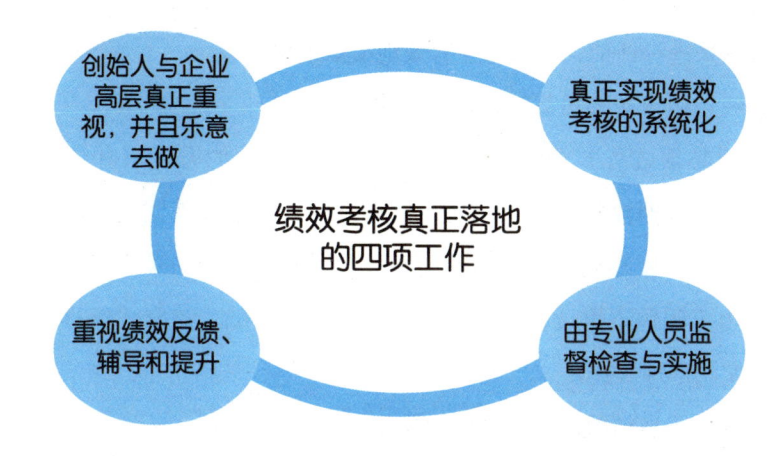

图7-3 绩效考核真正落地的四项工作

第一，创始人与企业高层真正重视，并且乐意去做。

很多企业创始人、高层管理者表面上重视绩效考核，想利用它激发团队的积极性，但是总以忙碌为理由，不去真正了解绩效考核、商讨绩效目标、制订绩效计划，甚至直接把它推给人力资源部门。更有甚者，直接照搬其他企业的考核制度。

因此，如果不转变思维，从思想上重视绩效考核的制定与实施，不充分调动各层级管理者的积极配合，那么这个工具再好也无法成为企业管理的好帮手，也无法提升员工与公司的业绩。

第二，真正实现绩效考核的系统化。

绩效考核体系应该是一个闭环系统，所有部门及员工都应该参与，从上到下，从下到上，都需要考核与评价，而不是"头痛医头，脚痛医脚"。

所以，企业不仅要制订与分解年度绩效目标，各部门、各岗位也需要制订与实施绩效计划。绩效考核体系一旦运行，就应该重视起来，及时发现问题并解决问题，加强所有部门的沟通与协调，按照考核的方式、方法来进行评估，且及时、有效地反馈绩效结果。

第三，由专业人员监督检查与实施。

公司必须成立专业绩效考核委员会，由专业的管理者和团队来实施推行。不仅要注重结果，更应该重视过程，并且对其实施过程进行检查、监督修正。专业的人做专业的事，按照既定原则一步步来实施具体举措，出了问题不推诿，遇到困难相互协调、帮助，这样才能真正确保绩效方案的落地实施。

第四，重视绩效反馈、辅导和提升。

在绩效考核过程中难免出现各种问题，就需要确保员工与管理者的双向沟通，及时发现问题，合力解决问题，进行有效沟通。绩效考核结果出来也需要反馈。同样，员工发现问题、有任何不满或不解时也需要反馈沟通。只有实现了良性的双向沟通，员工与管理层都能不断反思、改进与提升，才能持续有效地提升业绩，实现激励的目的。

总之，绩效考核是一个涉及公司所有部门和员工的管理系统，不仅关系到股权激励的效果，也关系到企业的发展。所以，绩效考核应该更具有针对性和有效性，并且真正落地实施，而不是流于形式，甚至成为一句空话。

尽职调查也是不可少的

对公司信息不了解，往往导致股权激励设计及设置不合理、不公平，或者可执行性不强，甚至会因为失误而导致违反法律法规。所以，在做股权激励之前，我们需要对公司进行针对股权激励的尽职调查，了解公司各方面的基本情况，尤其是人力资源、薪酬管理、绩效考核等相关方面。

尽职调查，是股权激励方案设计的基础，也是开展股权激励计划的第一步，而且其结果对股权激励是否能成功开展起到了非常关键的作用。

尽职调查，不能由公司自己组织进行，而是需要委托专业律师或其他专业机构来进行。

尽职调查主要包括以下几方面的内容，如公司设立以及变更的有关文件，包括工商登记材料以及相关主管机关的批件；公司章程、议事规则、规则制度；公司的股权结构、主要股东与组织结构情况；公司的主要业务以及经营情况，公司未来五年的战略发展规划；公司最近两年经审计的财务报告；公司全体人员的构成情况，现有的薪酬政策、激励政策和薪酬水平，包括但不限于管理人员与技术、业务以及其他关键人员的职务、薪金、福利；公司现有员工激励制度和绩效考核标准，实际运行的效果以及存在的问题；公司与员工签订的劳动合同、保密协议、禁止限制协议等；启动股权激励的内部决策文件，包括但不限于本公司股东会或董事会决议、薪酬委员决议、上级主管部门的文件、中央及地方相关的股权激励政策；公司拟设定的实行股权激励的范围、对象、基本情况、拟实现的战略目标以及初步思路；公司对股权激励的基本要求及针对性要求，比如操作模式、实施期限、股权归属方式、激励基金的提取条件等；公司认为股权激励应该关注的问题与障碍；制定股权激励方案所需要的其他材料，等等。

通过股权激励的尽职调查，可以了解公司现阶段整体真实情况，调整、解决与完善不合规、不合法的部分，为股权激励计划的实施减少阻力。同时，股权激励尽职调查还可以明确法律风险和法律问题，判断其性质以及对股权激励的影响，避免陷入纠纷甚至造成激励计划的失败。

对公司治理结构进行调查，需要调查公司治理结构的制度建设以及日常执行情况，查阅公司章程，了解股东大会、董事会、监事会、高级管理人员的构成和职责，关注公司章程是否合法合规，"三会"（股东大会、董事会和监事会）议事规程、"三会"和总经理办公会会议记录及决议等是否完整齐备且符合规定，考查公司治理结构、组织结构与决策程序、管理人员权力分配和承担责任的方式，管理人员的经营理念与风险意识等。

同时，还要调查股东的出资情况。出资是否及时到位，出资方式是否合法，是否存在出资不实、虚假出资、抽逃资金等情况。调查公司在业务、资产、人员、财务以及机构等方面是否做到与公司控股股东相互独立，是否有面向市场的自主经营能力以及独立的产供销体系。调查公司控股股东以及下属的其他单位是否从事与公司相同或相近的业务，可以从业务的性质、客户对象、可替代性、市场差别等方面来判断。

另外，还需要调查公司对外担保、重大投资、委托理财、关联交易等重要事项的决策和执行情况。在这个过程中，专业人员需要咨询公司法务人员，查阅公司重要会议记录、决策和重要合同，关注公司这些重大事项的决策是否符合股东大会、董事会的责权分工，执行是否符合公司的规范性要求。

股权激励尽职调查的基本流程如下：向企业发送尽职调查清单—跟进清单收集和整理资料—根据资料与相关人员进行沟通—形成整改建议书及尽职调查报告。

最后，企业还需要对尽职调查进行分析，即按照时间和空间两个维度来展开，得出针对股权激励可行性的分析结论。按照时间来进行分析，可以分为历史分析与现状分析。历史分析就是分析企业的以往业绩、利润、债务以及发展成就；进行现状分析，需要进行外部分析（包括宏观环境、产业态势、竞争状况、市场薪酬水平等）和内部分析（包括战略规划、公司治理结构、组织体系、人力资源以及企业文化等）。

然而，很多公司在做股权激励时，并不重视尽职调查。即使有一定的关注，也会出现不全面、不完善的情况，最终影响股权激励的效果。所以，尽职调查是非常重要的，不仅股权激励需要尽职调查，企业在融资时也需要，只是调查的主要内容、关注点有所不同。

完善人力资源管理制度

从某种意义上来说，股权激励计划也是员工（激励对象）从企业获取收入的一种方式，实际上是一种长期性的激励收入。这使员工获得了短中长期的收入，即作为工资的月薪收入、作为年度奖金的中期收入以及作为股权激励计划的长期股份期权收入，进而督促员工不只是关注企业的短期收益，更关注企业中长期的利益与发展。

从人力资源管理的角度来说，股权激励计划也是企业管理系统中不可缺少的一部分。想要让股权激励计划能够有效地发挥作用，就需要企业的整个人力资源管理都能达到规范的要求，一旦企业的人力资源管理不规范，存在各种问题，那么股权激励计划就很难有效地实施、执行。

某电器生产企业的人力资源经理设计了公司人力资源管理流程方案，其方案具体是这样的：人力资源部门负责公司的招聘、培训、绩效与薪酬考核以及劳动关系等事项。对于这个方案，你有什么感想？是否觉得太过于简单？

事实上，这位人力资源经理的具体问题就是没有把流程细节展现出来。例如，谁去招聘？如何培训？企业如何和员工签订劳动合同？等等。所以，这个方案对于企业的人力资源管理基本上起不到任何作用。同时，也显示出公司的人力资源管理非常混乱，无法为股权激励、管理员工提供积极有效的帮助。

那么，如何规范、完善企业的人力资源管理制度呢？我们需要重点做好以下六项工作，如图7-4所示。

图7-4 完善企业人力资源管理制度的六项工作

第一，制订好人力资源规划。

人力资源规划是一项系统的战略工程，以企业战略目标为指导，通过核查企业现有人力资源情况，分析企业内外部环境条件，来预测企业对人员的未来需求，并且筹划为满足人员需求而准备采取的策略。

人力资源规划可以分为战略计划与战术计划，前者主要是根据企业内部的经营方向与经营目标，以及企业外部的社会、法律环境对人力资源的影响来制定一套长期的规划；后者则是根据企业未来面临的人力资源供求的预测，以及企业发展对于人力资源需求量的预测，来制订相应的具体方案，包括招聘、配置、辞退、晋升、培训、工资、福利政策等。

第二，做好员工的招聘与合理配置。

对于企业来说，人员招聘是非常关键的，只有选择优秀的人才，才能有利于企业发展与进步。事实上，所有企业都重视员工的招聘，制订详细、具体、科学的招聘制度与流程，而不是随便找人来完成这项工作，或是不对应聘人员进行考核。

谷歌的招聘流程非常健全，既不流于形式，也不过于繁杂，并没有设置大量无关紧要的环节，也没有造成企业资源的内耗。

谷歌每年会收到100多万份简历，他们通常会录用4000~6000人。具体流程分为以下八个步骤：

第一步：招聘人员审查求职者简历。

对于每一份简历，招聘人员都会严格审查，再根据求职者的技术能力、教育程度和工作经验来判断是否合格。

第二步：招聘人员电话通知。

如果对方符合招聘条件，招聘人员会向其致电，并在电话里解释为什么认为其合格，让对方知道谷歌对其抱有什么期望。如果对方应聘的是技术工程师的职位，招聘人员还会问SAT和大学GPA的分数。

第三步：面试。

毫无疑问，这是第一轮面试，每次面试只通知4~5人，每个人会有45分钟的面试时间。如果应聘的是工程师职位，可能会被问及技术问题，或者要求应聘者通过编程来解决某个问题。

第四步：面试者回馈。

所有的面试官都要将他们对求职者的印象用文字的形式记录下来，并对每个求职者进行排名。然后将这些求职者的简历与现有的员工简历进行匹配，如果发现某个求职者与公司的某个员工曾就读于同一所学校或任职于同一家公司，便会询问公司这位员工对求职者的意见。

第五步：招聘委员会审查。

招聘委员会委员都是经验丰富的高级主管，他们了解公司哪些工作需要处理，哪个职位空缺，以及对求职者有什么要求，他们将审查所有的面试官填写的回馈表格和求职者的简历。

第六步：中层管理人员审查。

很显然，这一次审查是由职位更高的管理者审查。

第七步：薪酬管理委员会评估。

对于前面审查通过的求职者，薪酬委员会进行再次评估，对照求职者期望的薪酬与企业能够提供给这个职位的薪酬，看看两者之间的差距有多大，以考虑是否录用。

第八步：高级管理者审查。

这是最后一个环节的审查，通过了这道关，求职者才能得到正式的录用通知。

因为谷歌严格把控招聘关，并且为员工提供良好的工作环境，所以能够吸引无数优秀人员加入，也促进企业发展越来越稳健。

员工的合理配置，企业需要把握三个原则，即正确识别员工的才干；做到人岗匹配，人尽其才；让员工实现优化组合，取长补短，进而提升团队的整体优势，实现团队的最大价值。

第三，重视员工的培训与开发。

一些企业不重视新进员工的培训与开发，结果导致员工无法尽快融入团队、发挥其价值，这对于员工与企业来说都是非常不利的。

员工无法融入集体，无法提升自己的技能，对自己、企业失去信心，导致归属感降低、积极性受到打击，同样也无法为企业创造更大的价值。所以，企业必须重视员工的培训，提升其技能，最大限度开发其潜力。

第四，完善薪酬与福利制度。

对于员工来说，物质激励是非常重要的，尤其是企业处于初创阶段，还未形成企业文化时，更需要给予员工物质激励。这是企业吸引、留住、激励员工的最重要手段。

华为制定的员工福利制度非常完善，不仅提供了物质奖励，还体现公司对员工的人文关怀，而这无疑增强了员工归属感和责任感，提高员工工作积极性。华为的福利制度包括了法定福利、普惠福利、特殊福利，其中法定福利是为员工提供社会保险、住房公积金、法定休假、高温补贴、独生子女补贴等；普惠福利是为员工提供保障性福利和服务，包括免费工作午餐、健康体检、节日补贴、交通意外险、员工团队旅游活动、生日祝贺、新生儿祝贺、探望慰问生病员工等；特殊福利是针对部分员工提供的额外福利，根据其职位、职级或绩效而制定，如每年的高绩效员工（AA

级员工）将一次性获得价值一万元的旅游计划，同时享受五天额外带薪年假，并可携家属同往。除此之外，公司还根据当地政策法规，为员工办理补充社会保险和职业年金。

关于薪酬与福利制度的制定，需要把握对内保证岗位公平、对外具有竞争力的原则，这样才能起到更大的激励作用。

第五，闭环绩效管理。

闭环绩效管理体系需要企业做好以下几方面的工作：根据绩效目标制定绩效计划，制定科学的考核指标、合理的考核标准；被考核者按照考核目标进行工作的过程管理；各级考核者观察并记录被考核者的工作表现，对其工作业绩进行考核；告知被考核者结果，对其优点、不足进行反馈；按照考核结果对被考核者进行奖励与惩罚。

尤其需要注意的是，绩效考核应该与薪酬挂钩，实现真正的奖优罚劣。

第六，有效的劳动关系管理。

当员工进入企业，即与企业产生了劳动关系，彼此都必须履行相应的义务、享受相应的权利。劳动关系管理主要包括劳动合同管理、劳动就业管理、公司内部规则制度管理、员工民主以及工作时间和休息休假管理、劳动安全卫生和劳动保护管理等。

有效的劳动关系管理，可以帮助企业消除后顾之忧，保持业务开展的稳定性与增长性，实现员工与企业的双赢。

是改善业绩，不是分清责任

大部分管理者认为评价员工的标准是业绩与结果，的确，业绩和结果是评价一名员工是否合格或优秀的重要标准，而且其依托的管理方式就是绩效管理。因为管理者重视业绩的提升，重视是否能实现企业年度绩效目标，所以员工要明白对结果负责的重要性，并且努力提高工作效率，提升个人能力与价值。

对于管理者来说，对业绩、结果多加关注，需要想办法激励员工去改善绩效考核方面的不足与缺陷，进而促进团队的工作更高效。对于员工来说，越对工作结果负责，越可以创造更大价值，然后用业绩和结果来赢得更高的报酬。

然而，现实生活中很多企业管理者却忽视了这一点，即当业绩无法提高或团队管理比较混乱时，不是想着如何解决问题、改善工作方式或效率，而是急于找出究竟是谁的责任，然后对其进行惩罚。由此带来的结果是，员工也会把注意力放在这一方面，不仅极力撇清自己的责任，还想要把责任推卸到别人身上。同时，中层管理者不愿意去做事，不愿意承担责任，面对工作任务互相推诿，导致企业内部互相扯皮、消极散漫。部门负责人以及部分员工只关注个人短期利益，部门之间的恶性竞争也开始了，这样的结果导致企业内部问题越来越多，最终企业慢慢地走了下坡路。

所以，管理者在绩效管理过程中，如果不关注业绩或结果，而是把目光放在责任上，不仅无法认清责任，还会导致偏离主题，给企业发展带来巨大危害。

在管理界有一个很出名的故事，我们现在不妨来看看。

三只老鼠一起到厨房偷油，很快找到一个很大的油瓶，里面装满了黄澄澄的油。但是瓶口太高了，瓶壁又太滑了，老鼠们怎么跳也够不着瓶口，进不到瓶子里。经过一番商量，它们决定采取叠罗汉的方式，一只踩着下面两只老鼠的肩膀轮流上去喝。当最上面的老鼠终于爬上另外两只老鼠的肩膀上，刚要够到瓶口的时候，油瓶突然倾倒，发出巨大的响声。响声惊动了这家的主人，三只老鼠立即惊慌失措地逃走了。

　　回到洞里，它们一起讨论为什么行动失败了，为什么油瓶会突然倾倒。最上面的老鼠说："我是推倒了油瓶，但那是因为我感觉下面的老鼠抖了一下。"

　　第二只老鼠说："我确实抖了一下，但这并不是我的责任，因为我下面的老鼠也抖了一下。"

　　第三只老鼠急忙说："没错，我是抖了一下。但是，这不能怪我，是因为我听到了猫的声音。"

　　最后，三只老鼠哈哈一笑，同时说："看来，这不是我们的责任。"

　　看完这个故事，你会不会认为这三只老鼠太可笑了？是的，它们不从自己身上找原因，不总结失败的教训，而是忙着推卸自己的责任，真的非常可笑。这样一来，问题不但没解决，下一次行动依旧会失败，甚至会付出更大的代价。可是，这不就是现实生活中一些人行为的真实写照吗？

　　企业所有员工应该做好自己的本职工作，尽量不出现差错，同时也要敢于承担责任。而企业管理者在管理员工、对员工进行绩效考核时，一旦发现哪一名员工没有完成绩效，需要帮助其找到问题的症结，而不是一味地批评与惩罚。否则久而久之，企业的管理就会越来越混乱，损失也会越来越大。

换句话说，管理者应该明确一点，做绩效考核的目的是改善绩效，而不是分清责任。那么如何改善绩效呢？我们需要从五点出发，如图7-5所示。

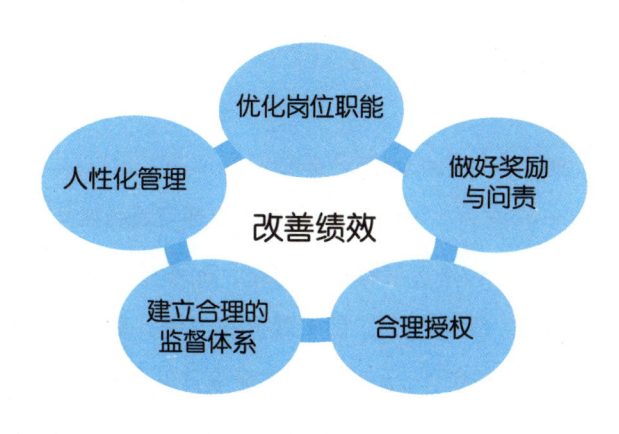

图 7-5 如何改善绩效

第一，优化岗位职能。

我们需要针对企业自身的特殊情况来进行岗位职能的优化，不断挖掘员工的潜能，激发员工的工作积极性，通过合理授权、定期组织员工进行培训学习等方式让员工实现自我管理，同时还需要培养员工多项技能，极大限度地提高人力资源的使用效率。

只有做到了优化岗位职能，才能消除企业内的部门壁垒，避免人浮于事、职责不清、执行不力等问题，从而有效地促进企业效率的提高以及运行的有序性。

第二，做好奖励与问责。

郭士纳曾说过："员工不会做你希望的，只会做你监督和检查的。"这句话直接指出了奖励和问责的重要性。事实上，大部分员工的积极性和自觉性并不会主动发挥出来，所以我们需要适当地监督，并且对其进行奖励和问责，以保证团队的执行力。

希尔顿饭店的创始人康拉德·希尔顿，坚持几十年如一日地巡视分店，在巡视中了解各个分店的经营情况。这无疑对管理层与员工形成了一种监督，提高了其执行力与积极性。

第三，合理授权。

作为企业的管理者，多思考、多做事，是有责任心、事业心的表现。但是，管理者应该是运筹帷幄的将军，而不是上阵冲杀的士兵。一旦管理者事必躬亲、事无巨细，那么就会让下属、员工无法充分发挥自我才能，还会打消其积极性，同时也无法激发其发挥自身的潜力。

所以，管理者要成为授权高手，而不是简单的控权高手，专注于方向性、战略性工作，向下属放权，给下属发挥其价值的机会。这是一种做事技巧，也是一种管理艺术。

第四，建立合理的监督体系。

1994年，济南三株实业有限公司成立，因为三株口服液的研制成功，公司得到了飞速发展。创始人吴炳新曾扬言要冲进世界500强，然而仅仅三年后，三株就因为常德市一场索赔300万元的小官司而受到毁灭性打击，几乎濒临破产。

之所以造成这样的局面，是因为三株内部管理问题存在很大问题，虽然制定了很多制度和流程，但由于缺乏监督，更没有形成体系，所以管理非常混乱。例如，为了控制市场，总公司设计了十几种报表，以掌握各个环节的动态。但是由于没有监督体系，下属分公司便开始弄虚作假，而总公司也没能及时发现问题。

因此，我们必须建立合理的监督体系，否则制度制订得再多也没用，只能是摆设，部门之间不仅不能形成合力，反而会互相推诿，甚至相互拆台。

第五，人性化管理。

人性化管理非常重要，不仅能充分调动员工积极性，提高员工效率，还可以让员工有归属感，进而提升企业的凝聚力、向心力与战斗力。

总之，管理企业时，管理者应该着力改善绩效而不是划清责任，只有这样才能让管理起到积极作用。

考核制度要为员工划出起跑线和终点线

考核制度是给员工发放工资、奖金的依据，那么，是不是员工的薪酬是固定的，就没有必要制定考核制度了？其实，这种片面的认识是制度管理的大忌，也是经营企业的大忌。考核制度不仅是制定薪酬标准的依据，更有助于提升企业运营效率，提高团队的战斗力，为企业发展提供最基本的保障。

考核制度是管理者和员工为了达到组织目标而共同参与的计划制订、辅导沟通、考核评价、考核目标提升等持续循环的过程。

考核制度的目的是提升员工个人、企业各部门和整个企业的绩效，依据绩效定奖金只是考核管理的一部分内容。所以，对于所有企业来说，考核制度都是不可或缺的。

德国有一家非常著名的威图集团，是箱体系统和技术的供应商，其业务已经遍布全世界。而它之所以取得今天的成就，是因为企业内部制定了一套完善的考核制度。

随着威图集团慢慢崛起，员工越来越多，规模越来越大。为了更好地管理企业，管理者制订了科学合理的管理制度，针对不同员工采取不同的考核标准，并且始终遵循考核制度的合理性、客观性及公正性。

同时，威图集团的车间里每一处醒目位置都有一个公告板，上面有一个表格，清楚地列出了各个生产小组和员工的成绩以及考核结果。考核的项目和内容包括出勤情况、完成的工作量、工作纪律、加班时间、奖罚情况等。这样一来，管理者与员工就可以看到自己为公司做出了哪些成绩，自己与其他同事的差距在哪里，自己需要在哪些地方继续努力和改进等。

也正是因为客观公正的考核制度，员工才找到了属于自己的起跑线和终点线，激发出积极性与主动性。

因此，鉴于考核制度的重要性，我们需要建立科学、合理的考核制度，让员工有明确的起跑线与终点线。具体如何去做呢？我们需要从四个方面入手，具体如图7-6所示。

第一，制订考核计划。

在做任何事情之前，我们都需要制订详细的计划，制订考核制度也是如此。因为这是一项复杂的工程，需要提前明确考核的目的与对象，并确定具体的考核内容和方法。同时，我们需要明确公司的内部治理结构以及相关人员的职责，接下来才能制订详细的考核制度的流程、考核的时间、考核的标准。

```
       制定考核计划 ── 收集考核对象的信息
              │              │
              └ 建立科学合理的考核制度 ┘
              │              │
       根据信息进行考核评估 ── 明确绩效考核的计算方法
```

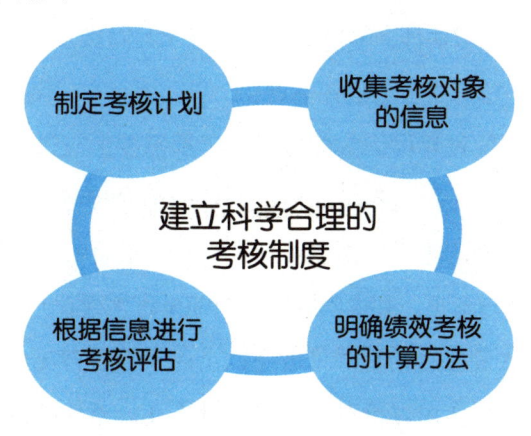

图 7-6 如何建立科学合理的考核制度

第二，收集考核对象的信息。

无论是为了推行股权激励，还是降低生产成本、提高生产效率，我们都需要收集考核对象的相关数据与信息，做到知己知彼。

那么，这些数据和信息从哪里来？当然来自员工的简历、以往工作表现、业绩结果以及领导与同事的评价等。同时，收集信息时，我们还需要做好记录，作为考核评估的依据。这里有个问题，有些管理者在收集员工信息时，经常在一旁盯着员工，认为这样的信息收集才更直接、更客观。但事实上，这种方式很容易引起员工的反感情绪。最好的办法是在不经意间观察员工，从业绩、工作表现等方面来了解。

第三，明确绩效考核的计算方法。

一般来说，绩效考核=基本工资+岗位工资×公司系数×部门系数×个人绩效系数。

这是大部分企业普遍采取的计算方法，岗位绩效工资的计算是按照岗位的不同而制定不同的绩效系数，包括个人的绩效系数，也包括部门与公司绩效系数，能全面地、客观地对员工进行考核，进而充分调动各位员工的积极性和创造性，使所有员工与公司共同进步与发展。

第四，根据信息进行考核评估。

在考核评估的过程中，管理者和员工都需要参与进来，主要评估员工在完成考核计划中所定目标的情况，总结其优势与不足。当然，考核评估也是一个沟通的过程，需要管理者与员工进行有效沟通，鼓励员工提出自己的问题与意见，并提出解决问题的可行性建议与方案。

在进行绩效考核时，看得见考评，企业才能看得见业绩。杰克·韦尔奇曾经说过："作出评价对我来说无时不在，就像呼吸一样。在管理中，没有什么比这更重要。我随时都要做出评价，不论是在分配股份红利时，还是在晋升员工时，甚至在走廊里遇到某个人时。"对员工的工作进行评估，并且让员工参与其中，激励效果才会明显。

某公司年终绩效考核时，A部门的绩效与B部门的绩效有很大差异，A部门经理不明白为什么同样对员工进行考核，业绩居然相差这么多。其实，很简单，B部门经理比他多做了一步，那就是对员工进行评估。B部门经理制定了一份绩效评估表，表格中详细地记录了每名员工的工作情况，评估出哪个地方比较出色、哪个地方不足。更重要的是，每个月底部门都召开评估会议，不仅经理对员工进行评价，员工们也畅所欲言，提出自己的困惑，可以谈自己的问题，也可以进行反思。这样一来，员工的工作方法和效率都得到了提升，团队还形成了良性的竞争氛围。

因此，仅仅有科学合理的绩效管理机制还远远不够，管理者只有为员工划出起跑线和终点线，并且将考评落到实处，才能让绩效考核真正落到实处。

第八章

避坑指南：谁的蜜糖谁的砒霜

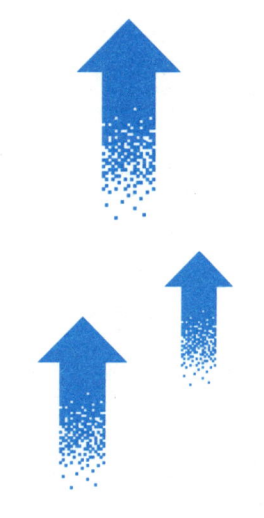

激励不当，风险多多

股权激励的目的是激发员工工作的积极性、主动性，但是，如果激励不当，便存在许多风险，不仅激励效果达不到，还会对企业造成多方面的负面影响。

先看一下苏宁电器的股权激励案例。

2007年1月29日，苏宁电器推出第一次股权激励方案，针对员工进行股票期权激励计划。这次计划，苏宁拟授予激励对象2200万份股票期权，占当时公司总股本的3.05%，分三次授予。第一次授予的期权数量为1851万份，主要授予公司高级管理者人员共34名，包括部长级以上管理人员、连锁店店长以及部分重要部门负责人，剩余349万份股票期权授予董事长提名的骨干人员和特殊贡献人员。

首次授予的期权行权价格为每股66.6元，以1月29日收盘价为基准，额度上限为获授股票期权总额的20%。所有股票期权将分三期进行行权，行权条件为：苏宁电器2006年度的净利润较2005年度的增长率达到或超过80%，且2006年度的每股收益不低于0.9元；2007年度的净利润较2006年度的增长率达到或超过50%，且2007年度的每股收益不低于1.35元；2008年度的净利润较2007年度的增长率达到或超过30%，且2008年度的每股收益不低于1.75元。行权条件严格与近三年的业绩增长捆绑考核。

因为苏宁电器是中小板成长最快、市值最高的绩优股。所以，证券监管部门对于这一激励方案格外重视，尤其对于管理团队的行权条件，提出了严格的要求。然而，第一次股权激励计划却失败了，因为未能获得监管层审批通过。原因主要有以下两点：一是方案的制定思路比较狭隘，没有与资本市场结合起来，只是一种资产性激励；二是计划并没有考虑员工的价值，采取了一刀切的形式，对于进入公司不同年限的员工，只是按照岗位赠与股票增值权，违反了公平性原则，激励效果并不明显。

2008年7月，苏宁电器又推行了第二次股权激励计划，仍采用股票期权的激励模式，拟向激励对象授予4376万份股票期权，占公司总股本的2.93%。行权价为每股58元，比当时股票现价要高。行权条件有所放宽，未来3年的业绩增长率达到或超过60%、40%、30%，便可以行权。之所以放宽行权条件，主要是因为苏宁对公司未来业绩增长幅度的预期降低了，并且上市以后，公司已经保持了多年的业绩高增长。

然而，苏宁的第二次股权激励计划依旧失败了。因为第一个行权期的行权条件中的"2008年净利润增速大于60%"是很难实现的。当时我国经济出现由偏快转为过热、物价上涨较快的态势，为了防止通货膨胀，国家明确了从严从紧的宏观调控方针；而到了2008年下半年，受美国次贷危机影响，发生了全球性金融海啸，A股市场进一步加速调整，国内经济发展承受着更大的压力。

另外，受房地产行业下滑的冲击，家电市场的销量大幅下滑。在资本市场上，投资者失去信心，导致股指加速下挫。虽然苏宁电器在家电零售市场表现非常好，但是也未能扭转资本市场的熊市局面，导致当时的股价与行权价产生了非常大的差距。这样一来，股票激励计划就失去了行权意义，进而导致了第二次股权激励计划的失败。

2010年8月25日，苏宁再次推行股票期权激励计划，拟向公司高级管理者及业务骨干授予8469万份股票期权，数量占当时总股本的1.21%，行权价格为每股14.5元。激励对象为公司董事(不包括独立董事)、总裁、副总裁、财务负责人；总部各管理中心副总监级以上中高层管理人员、部分副经理级以上核心业务骨干及信息技术研发人员；各地区总部、地区管理中心、重要子公司负责人以及部分副经理级以上核心业务骨干；销售规模、经营绩效具有代表性的优秀连锁店店长，共计248人，激励计划明确规定，自股票期权授权日起五年内分四期行权，每期行权比例为25%，股票来源为公司向激励对象定向发行股票。

然而，这次激励计划再次以失败告终，原因在于苏宁的盈利能力下降。同时，与竞争对手相比，其偿债能力、运营能力也没有竞争优势。虽然这次股权激励计划在一定程度上能起到积极作用，但是从长期来看，激励效果并不明显且未达到预期目标。

从苏宁电器股权激励的失败案例中，我们可以得出，如果激励不当，那么就会造成比较大的风险，激励也将以失败告终。因此，我们需要借鉴其经验教训，规避股权激励计划制定与实施中的诸多风险。在股权激励计划制定中需要注意六个问题，如图8-1所示。

第一，明确公平公正原则。

拒绝以岗位来定激励份额，必须对激励对象进行业绩考核，同时，避免将股权激励变为资产性的奖励，这样一来才能避免员工质疑公司的公正性或引发团队之间的猜疑与矛盾。

第二，切实考虑企业实际经营状况及外部经济环境。

苏宁第二次股权激励计划失败，主要是由外部原因引起的。在国内外经济衰退、实体市场与资本市场不匹配的情况下，苏宁制定了过高的业绩指标，导致公司业绩未达标，管理层无法行权，而这也引起一部分管理层在之后的行权期选择离职，没能实现预期的股权激励目的。

第三，激励力度过低。

激励力度过低，激励效果就会受到限制。无论是股票期权激励的总数量还是单个激励对象的激励数量，一旦低于同行业上市公司水平，那么对于核心员工来说，就等于没有激励。同时，可能给一些能力弱的激励对象带来收益，但是这也容易引起"搭便车"的现象，虽然付出了很高的成本，但是却没能激励到最有价值、最需要激励的员工群体。

第四，业绩考核指标低于行业平均水平。

业绩考核指标过低也容易造成激励不当，从而导致股权激励的失败。激励应该科学、适度，不能激励不足，也不能激励过度。如果公司制定的业绩考核指标过低，那么股权激励就变成了一种变现的奖励，不仅起不到激励作用，还偏离了人力资本激励和推进公司治理结构的目的。

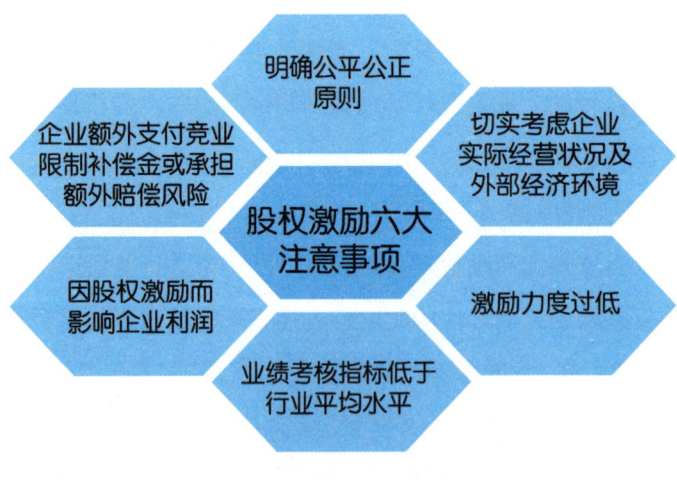

图 8-1 股权激励六大注意事项

第五，因股权激励而影响企业利润。

很多企业都在做股权激励，但是一些企业却因为做股权激励影响了公司的利润。当企业股权激励计划将股权授予员工时，应该将赠送员工的股权价值作为管理费用，而这部分费用需要在企业利润中扣除，导致净利润的减少。

对于一些有计划融资、挂牌、上市的企业来说，净利润是一项非常重要的财务指标，关系到其是否能够获得资本市场青睐。一旦所需费用过多，便会对企业的资本化运作产生不利影响。

第六，股权激励可能让企业额外支付竞业限制补偿金，或承担额外赔偿风险。

因为股权激励对象通常是公司的高级管理者或核心人员，所以在激励方案或者相关的法律文件中，往往会约定激励对象的"竞业限制"义务。同时，根据《劳动合同法》规定，需要对激励对象给予经济补偿，从而加大了企业的额外支出。

当激励对象因某种原因而违反股权激励协议及劳动合同时，企业可能会对员工加以处罚。这样一来，可能因为违反《劳动合同法》的规定而陷入被动，甚至引起纠纷。

代持股权，股东要慎用

随着股权激励实施越来越复杂，再加上远期融资、规避业务限制等原因，很多公司创始人在股权设置时会选择股权代持的方式。股权代持是合法的，在有些情况下也是必须的。《公司法》规定有限责任公司股东人数不得超过50人，那么多出的人便需要选择股权代持的方式；创始人想通过股权激励和留住核心高级管理者，但是又担心直接授予股权会改变公司股权结构，影响公司的融资计划，那么就可以与这部分激励对象签订股权代持协议，间接授予其公司股权。

股权代持，也称为委托持股、隐名持股、股权挂靠。简单来说，就是实际出资人与名义出资人以协议或其他形式约定，由名义股东代实际出资人履行股东权利义务，实际出资人履行出资义务并享有投资权益。名义出资人代持股权之后，实际出资人成为公司的隐名股东，虽然股权增加了，但是并没有实际的股东权利义务，而是将它们都授予了名义股东。

虽然股权代持具有一定的优势，然而其风险与隐患也非常大。来看下面这个案例：

某公司创始人兼法定代表人决定针对高级管理者做股权激励，该创始人持有50%股权，另外两名高级管理者分别持有25%股权。而创始人所持有的50%的股权中，有10%是代全体股东持有的，用于进行员工的激励。

在进行股权激励计划时，创始人与两位高级管理者签订了股权激励协议，约定将其持有的1.5%公司股权作为期权股授予两位高级管理者，同时约定他们可以按照自愿原则参与股权激励，资金来源于年度奖金，即每年扣除奖金的50%用于购买股权，实际申购的股权数与授予数量相同。也就是说，两位高级管理者所获得的期股总数占公司总股本的3%，每人分别持有总股本1.5%的股权。

之后，两位高级管理者与创始人签订《公司股权转让协议》，约定创始人将其持有的公司5%的股权赠与两人，并约定这部分股权是创始人代全体股东持有的用于奖励员工的股权。然而，之后双方便发生了纠纷，创始人认为签订协议只是为了配合办理股权变更登记，这才将这部分股权变更到两人名下，并不是真的将这部分股权赠与两人。同时两位激励对象也确认了，自己享受到了股权分红，但是其分红是由公司交付创始人，再由创始人交付给自己的。

接下来，创始人召集股东会，讨论关于两位高级管理者股权工商登记事项，最后股东会形成决议，不同意为两人办理股权工商登记。为此，两人将公司、创始人告上法庭，而法庭根据事实做出判决：公司赔偿因其违约给两位高级管理者带来的损失，因为公司并没有按照协议约定为其办理股权变更登记手续，导致二人无法取得公司股权；创始人兼法人作为代持人没有向其他股东询问是否优先购买，没有征得其他股东同意，导致激励对象无法办理过户手续，激励对象可以依据缔约过失或侵权责任的相关规定向其另行主张权利。但是，法院驳回了其要求创始人承担连带清偿责任的诉讼请求。

从上面的案例可以看出，如果无法合理地进行股权激励，不与其他股东协商好，很可能导致股权激励无法落地。同时，如果不能在协议中分清授予的是自己的股权还是代持的股权，那么也会导致出现问题。因为代持的股权也是登记在大股东名下，而工商登记上很难区分哪一部分是自己的股权，哪一部分是代持的，如果转让或授予时，没有明确其真实来源，那么激励计划很难通过股东大会决议。如果不能取得实际股东的书面授权，其他股东不配合或者反悔，导致激励对象无法获得其权益，那么，创始人便需要用自己个人的股权向激励对象进行补偿，甚至需要承担过失责任或侵权责任。

如何避免风险与纠纷呢？创始人、大股东需要根据《公司法》设置股权代持的方式，同时在股权转让、股权激励的过程中明确股权来源，与其他股东达成一致，并且签订协议。另外，在这个过程中，还可能存在着隐名股东要求显明的情况，一旦核心管理层成员要求成为显明股东，那么公司的股权结构便会发生变化，进而破坏股权结构的稳定性。所以，在签订股权代持协议时，需要明确约定核心管理层成员显明的条件，只有达到约定条件时才能显明；签署附加的股权转让协议，规定必须在条件成熟时才能向其转让股权。

对于被代持人来说，也存在着一定的风险性。所以，如果代持关系成立，代持人和隐名股东必须签署委托持股协议或签订关于所持股权实际归属情况的说明，只有这样才能有效明确股权的实际归属。被代持人对公司实际出资，需要明确资金来源及其合法性。如果是借贷资金，需要提供借款人的相关信息，并且明确借款人对代持股权不存在争议或权利主张。

在代持过程中，被代持人只是名义股东，可能不参与公司的经营管理，对于其股权也没有相关权利，于是出现代持人擅自转让股份、质押股份等行为，或是在股份表决权的行使、资产分配等方面违背被代持人意愿的行为。或者，代持人因为个人原因导致诉讼，代持股权也将被保全或执行。又或者代持人因故去世或是丧失民事行为能力，导致被代持人利益受损。

因此，被代持人必须与代持人签订股份代持协议。在协议中，详细约定双方的权利义务，约定违约责任并进行公证，以确保股权代持协议的有效性、合法性，使得自己的权利受到法律保护。协议中，还需要明确股权代持的退出程序，以减少自身的风险。

在股权代持的过程中，不管是代持人还是被代持人都需要防范风险，只有做到了合法、合理代持，才能保证自己的权益不受侵害。

"搭便车"——股权激励的"大坑"

生活中，我们处处能看到"搭便车"的现象。在群体中，这种行为更为普遍，当每个成员都为了集体利益而努力的时候，所有人都可以获利，其成本与风险也由每个人共同承担。简单来说，就是每个成员只有联手努力才能获得共同利益。但是，如果某个成员不努力，或者说，付出的成本比较低，却因为是群体成员而获利，那么，这种行为就是"搭便车"。

对于个人来说，"搭便车"是有益的。但是对于整体或其他成员来说，这是不利的，因为需要承担的成本高了，但收益却少了。所以，在创业、管理公司的过程中，我们需要避免"搭便车"行为的出现，在股权激励实施过程中亦是如此。

很多企业在选择激励对象时，通常是直接圈出一定的范围，如核心经营层、中层管理人员，属于这个范围内的员工便可以获得股权激励的资格。这个方式简单易行，但很容易让一些人"搭便车"。尽管大部分企业的经营者和中层管理人员有能力，做出过突出业绩，但是人与人之间存在着一定的差别。有些人因为特定的历史原因担任某些管理岗位；有些人原本做出了突出贡献，但是已经不适合企业当前发展的需求；有些人有能力，也做出了一定的业绩，但不认同企业价值观，或责任感不强，不肯承担责任。如果简单地将股权激励和岗位挂钩，不对个人进行岗位、业绩的考核，便无法起到预期的激励作用，甚至还可能因为激励的不公平而导致内部矛盾的发生。

还有一些公司把股权激励当成了员工福利，希望做到利益均沾、人人持股、平均持股，这样的激励也是没有意义的，将给股权激励的实施带来很大的阻碍。股权激励应该是有差别的，激励核心有价值的员工，向团队中不可替代的员工进行倾斜，这样一来才能起到好的激励作用，调动其积极性，构造一个充满活力、团结奋进的核心团队。

如果人人都有股份，人人都被激励，那么就会形成一种现象：小股东不干活、贡献不大，却能分得股权、获得收益；核心员工不懈努力、贡献突出，却被"搭便车"，导致收益受损。这样一来，核心员工成为股东之后，还会有动力去拼搏吗？答案当然是否定的。

某公司原本有三名合伙人，考虑到企业上市需求，创始人认为应该对员工进行股权激励，于是在改制过程中吸纳将近40名员工入股，不仅包括中高层管理人员、核心技术人员、核心业务人员，还包括十几名新加入的部门级别的主管。其中入股的最少只有一万元，不到公司总股本的万分之一。

之后，全体员工都在积极为公司发展、上市努力拼搏，公司业绩得到大幅度提升。然而，少数几名部门主管却存在"搭便车"心理，认为自己已经成为公司股东，公司如果上市，就能获得巨额收益，那还努力什么呢？即使公司不上市，也可以拿到分红。其行为也影响了其他成员，导致团队发生分歧与矛盾，最终导致激励计划失败。

所以，在股权激励的实施过程中，我们需要确定激励对象范围，并且合理确定激励的数量，确定激励对象的持股数量，避免"搭便车"行为的出现。

出现"搭便车"的现象，有些是因为员工的主动行为，而有些可能源于被动因素。如果激励对象主观上愿意努力，愿意为公司创造更多的价值，但是其努力程度不足以影响公司整体的、长远的盈利能力，也可能导致员工被动地"搭便车"。

之所以出现这种情况，是因为公司创始人、大股东选错了激励对象。这就要求我们在选择激励对象时，需要考虑其职位级别、重要性、素质能力，并且按照业绩评估结果进行筛选。

某高科技企业秉承以人为本、以知识资本为核心的理念，具有高风险、高投入、高成长、经营灵活的特点，所以其持股对象除了核心管理人员，应该侧重于科研人员，重视激励对象的科研与创新能力，不能只看短期绩效。同时，还需要考察核心技术人员的团队组建能力、人脉资源能力以及自我驱动能力。

技术人员不能只善于科研，还要具有团队组建能力、人脉资源能力，才能吸引更多的高端技术人员，组建一支高水平的科研团队；具有自我驱动能力，才能不断提升自己，让企业一直紧跟技术前沿，始终保持技术领先优势，不被其他竞争者超越。

另外，如果企业没有落实有效的退出机制，也可能造成一些员工"搭便车"的行为。最常见的情形是人离开了，股权还不能被收回。

所以，想要避免"搭便车"行为的出现，我们必须在股权激励过程中明确激励的目的，明确应该让哪些人成为股权激励对象，设立科学合理的绩效考核制度，并且考虑股权的数量、授予标准等相关问题。

防止股权激励变股权纠纷

很多企业在制定股权激励计划时设想的比较好，激励对象、股权数量以及行权条件都被合理地安排，但是在实施过程中却因为操作出现问题，不仅没能起到激励效果，反而引起了股权纠纷。

在实股激励中，一些企业向激励对象授予实际股权，但往往会对该授予进行一些前提条件的设置，如时间上的限制，将一定工作年限作为获取激励的硬性前提条件，或实行分期授予。这种设置实际上是对激励目的的一种保障，一旦企业不能明确限制，导致授予条件不清晰、对象条件模糊不清，便会引起股权纠纷。

股权激励作为企业的一种激励制度，是在员工与企业之间建立的一种利益共享、责任共担的利益分配机制。在实际操作中，如果企业主张获取股权的诉求与合同约定的期限不符，或者企业与激励对象都不能提供具体的股权激励的内容，那么就容易引起纠纷。同时，股权激励应该在一定范围内公开，保证其透明性，而不是私下里给予股权，或者只在董事会内部决议、公示。

中关村在线就曾因股权激励而引起股权纠纷。

1999年7月，中关村在线成立，主要致力于科技消费产品的报价和在线交易。创业初期，因为与公司创始人赵雷在经营思路和权利方面发生冲突，一名副总经理带领一批核心员工离职，跳槽到竞争对手那里。为了留住核心员工，赵雷与一些技术骨干分别签订了劳动合同，其中有这样的条款：乙方工作满12个月后，可以获得甲方分配的股权8万股。自乙方获得第一笔股权之日起，乙方每工作满一年可以获得甲方分配的股权8万股。如果甲方在乙方获得第一笔股权期满之前上市，乙方可以提前获得第一笔甲方分配的股权。

虽然这是以"劳动合同"形式签订的，但是相当于一项股权激励协议。而其激励效果也是不错的，大部分员工都留了下来，并且其积极性、能动性也得到提升。

后来，一些签合同的骨干员工因为某些原因离开了公司，他们根据劳动合同中关于股权分配的约定，要求公司兑现承诺。虽然中关村在线承认这些员工在公司工作满一年且无偿获得了8万股股权，只是等到公司股权分配体系建成后才能向其本人补发《股权分配合同》。然而，赵雷却一直在回避，拒绝兑现承诺。无奈之下，这些员工向海淀区仲裁委员会对其提出劳动仲裁请求。

其实，中关村在线虽然对核心员工进行了"股权激励"，但是只是设定了一个非常粗放的条款——只要干满一年就可以获得8万股股权。这并不是一个科学合理的激励计划，而是一个应急措施——在诸多核心人才纷纷出走的困境下，赵雷必须稳定团队，不能让事态继续恶化。

所以，在股权激励上，赵雷考虑并不周全，其安排也并不合理。股权激励方案并没有在一定范围内公开，也没有在工商局备案，更没有签订《股权分配合同》；同时，其可操作性也存在着不小问题，并没有考虑公司的总股本是多少，股权激励数量占公司总股本多少比例，这个比例对应多少权益，以及激励对象如何进入、如何兑现、如何退出等。正因为这样，才引起了员工与公司之间的股权纠纷，给员工与企业都带来了损失与不良影响。

在股权激励关系中，激励对象既是员工，又是股东，所以与公司形成了两层法律关系，一是股权法律关系，二是劳动合同法律关系。当这两种法律关系并存时，就容易产生法律适用上的问题。一般来说，劳动者主张其为劳动合同法律关系，而企业则主张其为平等的股权法律关系，倾向于选择对自己有利的法律关系。这也容易在激励对象辞职时产生纠纷，因为在股权激励中往往会对激励对象解除与用人单位的劳动合同进行限制。

2007年6月，富安娜公司实施限制性股票激励计划，向高级管理人员及主要业务骨干发行限制性股票，激励对象与其他普通股股东享有同等的分红权和投票权，但是设置了禁售期与限售期，其中计划实施后的1.5年为禁售期，禁售期内限制性股票不得转让；禁售期后的3年为限售期，限售期内激励对象达到考核条件，可以申请对所持限制性股票的一定比例逐步予以解除锁定，转为普通股票。同时，约定在售期和限售期内，激励对象因辞职而终止与公司的劳动关系时，公司有权根据公司上一年度经审计的每股净资产作价回购其所持限制性股票。

2008年3月，富安娜公司申请首次公开发行股票，为了配合上市的要求，终止了本次股权激励计划，将所有限制性股票转换为普通股。为了留住员工，给予激励对象两个选择，由公司将员工所持股份回购，或者员工保留股份，但需向公司出具《承诺函》，内容为自本承诺函签署日至公司申请首次公开发行A股并上市之日起3年内，不以书面的形式向公司提出辞职、不连续旷工超过7日、不发生侵占公司资产并导致公司利益受损的行为、不发生收受商业贿赂并导致公司利益受损的行为。如果出现上述行为，激励对象自愿承担对公司的违约责任并向公司支付违约金。

一些员工在签订《承诺函》后，提出辞职；还有一些员工不再到公司上班，于是富安娜便对这些员工提起诉讼，要求其支付违约金。

另外，在员工出资购买股权时，有时可能因为员工自有资金不足，而由公司或者创始股东提供借款，或者公司代缴，然后从员工的工资或者股权收益中扣除。在此期间，员工是名义出资人，与实际出资人形成了第三方之间的债权债务关系。所以，公司或者创始股东必须与员工签订借款合同、代缴协议，并且不能剥夺其股东权利，或者否定其股东身份，否则可能会引起股权方面的纠纷。

风险不规避，便成了事故

风险不可避免，我们需要做的是减少风险与规避风险，而不是逃避。同时，风险与不确定性有关，因为股权激励在实施、执行等方面充满了不确定性，所以也存在着诸多风险，导致无法实现预期的结果。

股权激励是全面薪酬的组成部分，除了所有者缺位、公司治理失衡、证券市场失效、制度不完善等因素之外，实践中条件过宽、业绩考核不严等问题也使股权激励存在着较大的风险。除了达不到预期结果，股权激励还存在付出的股权或收益权的代价过大的风险。

股权激励的风险，主要包括制度风险、市场风险、方案风险、道德风险等四类风险。

制度风险是指股权激励制度不完善，存在着各种漏洞，不能有效地约束激励对象，导致公司被少数管理者控制。

市场风险是指证券市场发展不成熟，管理层凭借手中的权力来操控公司业绩，利用大量抛售、大量买进等行为操控公司股票价格，导致股价不能真实地反映公司的价值。

方案风险是指股权激励计划存在缺陷，绩效考核指标不科学，过高或过低，存在着激励力度过大或不足的风险。

道德风险是指股权激励方案的制定者、激励对象不能按照协议来履行义务、责任，违反职业道德，违反相关约定，进而损害了公司和股东的利益。

如果不能规避股权激励风险，势必对企业价值和企业发展、员工的积极性带来消极影响。如果激励方案存在较大缺陷，激励对象存在着严重的道德腐败，或者证券市场虚假地反映公司的业绩，那么必然会损害公司和股东的利益，降低企业的凝聚力，甚至有损企业的社会形象。

因此，绝大部分企业都重视股权激励风险的预防和控制。

伊利在股权激励风险控制方面做的非常好。1996年3月，伊利股份在上海证券交易所挂牌交易，之后通过定向发行5000万股票，用于授予激励对象，占当时公司总股本的9.681%，激励对象包括总裁、总裁助理以及其他核心员工29人。

行权条件达到后，高级管理者可以以13.33元/股的价格购买伊利股份的股票，该价格的确定是按照公布股权激励草案当天的收盘价和当月的平均收盘价之间取价高者，再进行除权得出。2006年，利润分配后股票期权的行权价格调整为每股13.23元，为此公司对股权激励计划的股权股份数量和价格也做出调整。调整后，公司授予激励对象的股票期权数量调整为6647.9843万股，行权价格调整为每股12.05元。

股权激励的有效期为自股票期权授权日起的八年内，自股票期权授权日一年后可以开始行权，激励对象应在公司定期报告发出后第二个交易日到下一次定期报告发布前10个交易日内行权。

如果一年后满足了行权条件，首次行权不得超过股票期权总额的25%。剩余的可以选择首次行权一年后、股票期权的有效期内一次或者多次行权。伊利的这次股权激励计划激励额度接近10%的上限，获得股权激励后，如果激励对象全部行权，那么其股权激励所得的收益是工资的200倍以上。这远远超出了法规所规定的不得超过30%的规定。

由此可以看出，伊利的股权激励存在着六项风险，如图8-2所示。

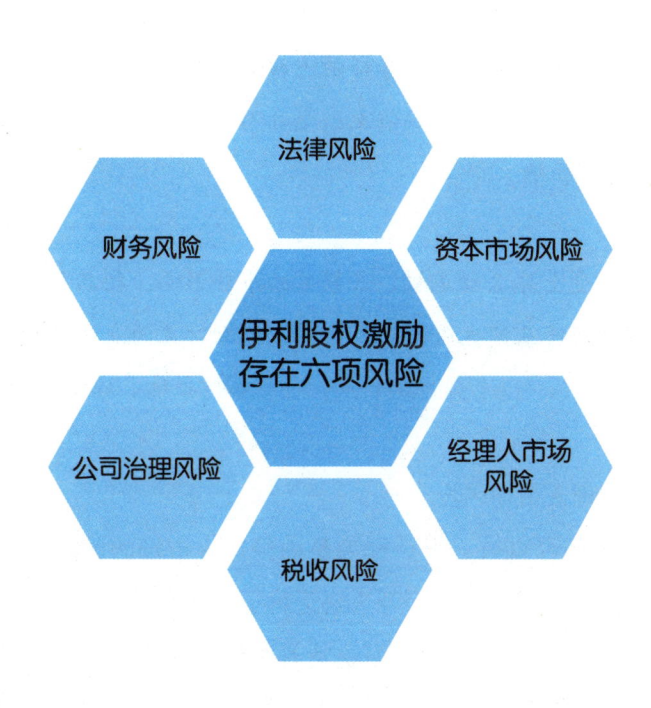

图8-2　伊利股权激励存在的风险

第一，法律风险。

我国的股权激励起步比较晚，上市公司现行的股权激励法律法规出台得比较晚，有些还存在着相互矛盾的问题。而伊利推出股权激励的时间比较早，在其方案实施的过程中，国家又出台了一些补充性的法案，以至于其激励方案和后出台的法规存在着冲突。

例如，相关法规规定上市公司任何一名激励对象所授予的本公司股权累计不能超过公司总股本的1%，股东大会特别决议批准除外。

在伊利股份的激励方案中，如果全部行权，总裁潘刚所拥有伊利股权占股本的2.9%，这就与该规定相违背。

第二，资本市场风险。

只有当资本市场能对公司业绩做出客观评价，股权激励才具备适当的实施条件。但是当时我国的资本市场并不成熟，使得伊利的股价很难反映伊利的公司价值。

2008年，受全球金融危机、三聚氰胺事件影响，乳品行业发展非常困难。伊利的经营业绩也受到很大影响，激励对象的业绩很难被合理地评价。

第三，经理人市场风险。

股权激励是否有效，很大程度是由经理人市场的健全程度来决定的。经理人市场不健全，对经理人缺乏科学合理的考虑，那么企业便无法得知经理人的素质、能力，而这就对股权激励的成败产生了不小影响，甚至影响企业之后的决策、投资等行为。

我国的国有控股公司受政府影响非常大。

在伊利实施股权激励之前，出现了一些经理人涉嫌非法管理层收购（MBO）而被拘留的事件。伊利作为国有控股的上市公司，经理人由行政指派，所以其选择是非市场化的，这也加大了经理人的市场风险。

第四，税收风险。

我国股权交易税收主要有证券交易印花税、股息和红利的个人所得税，对股票期权的行权收益按照工资、薪金所得征税，实行5%～45%的累进制税率。由于股票期权涉及的金额非常大，所以其税率大概率会达到上限45%。这无疑增加了公司的激励成本，降低了激励对象的实际收益，从而明显弱化激励效果。

伊利的股权激励额度大，全部行权产生的赋税也比较高，按照现行的税法对股权激励征税，导致公司的激励成本大大增加，所以激励效果并没有预想的那么高。

根据国家制定的股票期权收益所得税的计算办法，税收金额等于行权日股价与行权价格的差价，再与行权数量的乘积。

2006年12月，伊利授予激励对象5000万份股票期权，经过部分行权、转增股本等调整，实际授予激励对象7729万份。

按照工资、薪金所得项目的税率政策，股票期权设计的收益金额适用45%的税率。当时伊利行权的扣税标准为1600元。2007年12月底，伊利的收盘价为每股29.33元，可以行权股票期权数量为1611.996份。假设某位高级管理者全部行权，适用45%的税率，那么所要支付的税金是非常高的。这样一来，需缴纳的税款数量大，激励对象的行权意愿、行权数量自然就大大降低了，进而容易导致高级管理者为了降低纳税额而操纵市场股票——在行权日故意拉低股价，然后在解禁日拉高股票，为自己谋取更大的利益。

第五，公司治理风险。

部分管理者作为企业的内部控制人，在制定激励计划时以自己控制的董事会来设定有利于自身利益的激励方案。同时，修改行权约束条件，不仅行权条件低，而且剔除了股票期权产生的激励费用对于当年利润的影响。

作为国有控股上市公司的伊利，往往存在一股独大的问题，容易出现董事会或股东成为"少数人"，做出有利于个人或小团体私利的决策。因为公司治理结构不完善，导致出现内部人控制，激励对象和激励受益对象都是相同的人或利益小群体的问题，出现影响员工情绪、激励效果不明显的现象。

第六，财务风险。

伊利的股权激励也存在着财务风险，因为激励额度接近规定的上限。虽然股权激励的目的是提升激励对象的积极性，但是产生的激励成本可能大于激励效益，同时，也可能导致分配不公的问题出现。而且其行权条件低于前几年的增长率，缺少对经理人的业绩约束，导致激励变成了福利。

除此之外，伊利的股权激励还存在着会计风险、操作风险。这些风险造成的后果违背了企业战略发展的方向，打击了员工的积极性，降低了企业的凝聚力。为了规避和控制风险，伊利做出了一些努力：对股权激励定期做出审计，对于与法规相冲突的地方及时做出通告和调整；对公司高级管理人员进行规范和管理，避免出现信息操控、股价操纵等问题；完善经理人市场，将经理人的选择与评价交给市场；规范公司治理，完善薪酬制度；做好股权激励方案及实施的监督与控制，约束管理者、激励对象的行为，等等。

总之，风险并不可怕，可怕的是对待风险的态度和行动。只要我们能及时评估风险，采取正确方法加以应对，那么风险就在可控的范围内。但是如果不能有意识地规避风险、控制风险，那么风险就容易变成事故，给企业发展带来非常大的负面影响。

股权激励应规避哪些误区？

对于任何企业来说，股权激励设计不好，就有可能导致优秀的人才无法进入企业，而又让不合格的股东搭上了便车，进而导致对整个团队无法进行有效的激励，甚至形成不健康的股权架构。这样一来，不仅会造成成本的损失，还可能导致企业融资遇到巨大障碍，进而延缓企业的发展速度。

所以，在进行股权激励时，创始人需要避免形成错误的认识，比如将股权激励看成是单一的事件，没有制定一套缜密周全的方案。事实上，股权激励本身是一个系统问题，不仅需要考虑激励本身的诸多因素，还必须从企业战略高度上来思考，将它与企业的商业模式、战略规划、公司治理、人才资本发展、企业文化、资本规划路径等结合起来，才能有效地实现企业长期健康发展与价值增长。

同时，股权激励并不是企业的管理工具，并不等同于公司管理制度与绩效考核。对于现代企业来说，公司管理制度、公司治理结构与绩效考核是一个综合的、复杂的工程，任何其他方式不能取代。虽然股权激励在实施过程中需要与之进行有机结合，但是股权激励只是发挥了协同作用，是这些制度的补充而已。

某纺织有限公司是一家集高档纺织品的研发、生产、销售为一体的专业化公司，经过两年发展，进入高速增长期，业绩突飞猛进。因为企业成立时间并不长，还没有建立起完善的制度体系与绩效考核体系。实际上，公司管理确实比较混乱，组织结构不清晰，团队稳定性也不强。

创始人看到一些公司因为实施了股权激励而令员工团结一致，发展越来越稳定，于是决定实施股权激励计划。该公司很快将股权激励提上了日程，并且公布了激励方案。按照创始人的想法，对员工进行了股权激励后，员工就是公司的主人，不用督促与监督就可以勤勉工作了。然而，半年后，结果却不如他的预期，不仅没能激励员工提升工作积极性，反而导致工资费用迅速增加，企业利润急剧下降。创始人始终没有明白，为什么人人都推崇的股权激励在自己这里就失效了。

在制定与实施股权激励计划时，我们需要提升自己的认识，多方面进行思考，进而避免陷入一些误区，如图8-3所示。

第一，对股权激励成本认识不足。

股权激励，尤其是采取期权激励方式时，其行权产生的费用通常是高昂的，如果忽视这一点，那么在期权行权后公司账面将可能出现亏损，甚至影响现金流等问题。所以，为了避免这样的误区，我们需要在行权期内合理地将相关费用入账，然后在整个行权期的每个会计年度分摊。

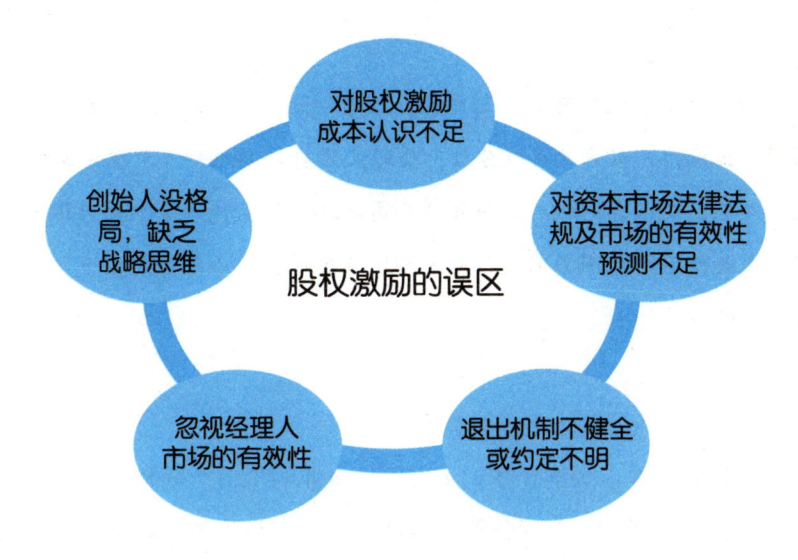

图 8-3 股权激励的误区

第二，对资本市场法律法规及市场的有效性预测不足。

众所周知，上市公司必须对股权激励计划、税收、会计处理制定较为系统的规范，保证其合法合规性。证监会颁布的《上市公司股权激励管理办法》，对股权激励的合法合规做了详细的规定，要求公司首次公开募股（IPO）前确定的股权激励计划必须执行完毕才能上市，或者终止该计划后再上市。对于新三板，则允许拟挂牌企业携带期权等未来权益挂牌，对于定人、定量、定时、股份来源及业绩考核的规定比较灵活，我们需要及时地了解相关法律法规，客观考察企业外部环境，预测市场的有效性。

第三，退出机制不健全或约定不明。

一些企业认为股权激励就是把股权给予高级管理人员，如果高级管理人员离职，股权必须还给公司。这种误区是最严重的，一旦没有明确退出机制或约定不明，那么就容易引起股权纠纷。

西少爷成立之初有三位创始人，后来创始人之一的宋鑫从公司退出，对于退出价格，双方就存在分歧：公司认为应该按照27万元现金加保留2%股权处理，而宋鑫则认为应该按照公司4000万元估值计算。因为退出机制中对于股权回购范围与回购价格没有明确规定，所以给公司留下了巨大的股权纠纷隐患。

第四，忽视经理人市场的有效性。

有效的资本市场能让我们正确评价企业的价值。同样，有效的经理人市场也能让我们正确评价职业经理人的能力与价值，并且对其行为进行约束。因为有效的经理人市场不仅记录了经理人的过往业绩，也能记录其职业操守。

在国内，职业经理人是稀缺的，所以职业经理人市场供不应求。又因为很多企业急于找到好的经理人，所以就容易忽视对其信用进行背调，或者即使进行了背调，也可能因为信息不全面而作罢。这很容易加大职业经理人的道德风险，为企业的未来发展埋下危机。

在股权激励过程中，企业给予职业经理人的股权越多，承担的风险越大，危害也就越大。事实上，很多职业经理人会在股市暴涨时期选择离职，因为他们知道企业的股价可能被高估。一旦股市恢复正常，自己的财富就会缩水，于是便选择抛售。所以，在进行股权激励时，我们不仅要重视经理人市场，同时要设置和完善约束机制。

第五，创始人没格局，缺乏战略思维。

很多创始人缺乏战略思维，既想要让员工充满激情，将企业当作是自己的家，把企业的事业当成自己的事业，又不愿让出手中的股权与利益，顽固地坚持"守财奴"观念。

陷入这样的误区，股权激励是不可能成功的，企业也没有什么未来。想要做好股权激励，想要企业做大做强，就必须有"财散人聚"的大格局，舍得分出股权与利益，根据企业发展的不同阶段，科学合理地进行利益分配，进行长远的、动态的股权设计。同时要明确一点，做股权激励不只是为了吸引和留住人才，更多的是树立一种文化愿景和追求目标，形成公司的合伙人文化，让员工在企业文化、企业价值观和企业愿景的指引下奋斗。

除此之外，在进行股权激励时，创始人、大股东陷入的误区还有很多，例如，把股权激励当员工福利，设置周期时一刀切，等等。但是，只要我们能明确股权激励的目的与意义、价值与风险，并且严格遵循股权激励原则，就可以有效避免陷入这些误区，让企业在股权激励下快速成长起来，不断发展壮大，实现基业长青。